KB235197

중국,
이것만은 알고 가자

中國,

이것만은
알고 가자 _전찬호

세창미디어

1994년 4월 11일 필자는 LG전자(당시 "금성사")의 신규사업팀장 자격으로 몇 명의 팀원들과 함께 중국에 첫발을 내디뎠다. 당시만 해도 한중 간에는 항공편이 원활치 못해서 일본 나리타 공항을 거쳐서 밤늦은 시간에 북경에 도착했다. 공항에서 시내까지 가는 고속도로에는 차도 별로 많지 않았고 가로등 불빛마저 흐릿하여 느낌이라고는 어릴 적부터 고정관념으로 굳어져 있던 "공산당"이란 이미지뿐이었다. 지금 생각해 보면 웃음이 날 일이지만 우연히 옆을 지나가던 트럭 뒤에 가득 타고 있던 인민들이 녹색 "미엔따이(棉大衣)"를 입은 모습을 보고는 어디서 전투훈련을 받고 귀가하는 줄로만 알았다. 미엔따이는 군복과 흡사한 모양의 두툼한 솜 코트로서 추운 겨울에 바깥생활을 주로 하는 서민들이 지금도 많이 애용하고 있는 겨울외투의 일종이다. 참으로 무지한 상태에서의 첫 중국 출장이었다.

　그 때를 시작으로 필자는 함께 간 팀원들을 포함하여 중국 지사와 새로운 조직을 구성하고 한국에서 우리 팀원들이 개발한 "VCD 플레이어"를 중심으로 중국 전역을 순회하며 1년 동안 17회에 걸친 설명회와 동시에 시장개척을 해나갔다. 이듬해 1995년에는 20만 대 가량의 수출 실적(약 6천만 불)을 올림에 따라 그룹차원에서까지 큰 관심거리가 되었고, 그룹개혁의 일환으로 추진하였던 "Super-A활동"에서도 대상의 영예를 차지하였다. 당시 한국에는 VCR 보급률이 높아서 상대적으로 VCR 보급률이 낮은 중국시장을 1차 타깃으로 잡았던 관계로 한국에서는 잘 알려지지 않은 제품이었다. 이 VCD 플레이어의 후속 제품이 바로 최근에 가정으로 많이 보급되고 있는 DVD 플레이어인 것이다.

　이렇게 큰 규모의 실적이 조직적으로는 때로 악재로 작용하는 경우가 있다는 것을 당시 대기업에 다니던 사람들이라면 잘 이해할 것이다. 필자 역시 그와 유사한 연유로 회사를 그만두게 되었고, 그 때부티 홀로 중국에서 생활한 지 벌써 10년이 넘었다. 치음에는 말 한 마디 제대로 못하는 상태에서 중국생활을 시작했다. 무엇 하나 제대로 아는 것이 없고 되는 것도 없었다. 입장이 비슷한 주변 사람들을 만나 보아도 모두가 푸념과 부정적인 시각뿐이었다. 그나마 퇴근 무렵이 되어 지인들과 술이라도 한잔 하는 날이면

근심걱정을 다소 덜 수 있었지만 그렇지 않은 날이면 가족걱정, 사업걱정으로 잠 못 이루는 밤이 많았다.

경제적인 어려움은 차치하고서라도 대기업이란 울타리에서 느꼈던 중국과 개인 신분으로 바라본 중국은 너무나 달랐다. 중국이 발전의 속도를 높이면서부터는 더더욱 그러했다. 시장은 공급자 중심에서 소비자 중심으로 급속히 바뀌어 가고 기업 이미지나 브랜드 가치 그리고 서비스에 대한 의식 또한 가파르게 증가해 갔다. 거래에 있어서는 문화의 차이와 관행의 차이 그리고 생각과 논리마저 달랐다. 힘이 부족한 개인이나 중소기업은 절대적으로 불리한 시장임을 절감하였다. 외국인 신분의 개인이나 중소규모 사업자가 접근하기에는 여러 가지 제한도 많았다. 2001년 중국이 WTO에 가입함에 따라 양허안의 계획에 의거하여 최근에 와서야 외국인도 자유롭게 활동할 수 있도록 각종 제한이 해소되었다.

필자는 어쩌다가 비교적 일찍 중국생활을 하게 되었지만 지나간 경험에 비추어 볼 때 새로 중국진출을 모색하는 개인이나 중소기업에게는 아직도 선뜻 권하고 싶은 용기가 나지 않는다. 최근 몇 년 사이에 법이나 제도적인 제약이 해소되기는 했지만 문화나 관습에 따른 장벽도 무시할 수 없기 때문이다. 시장도 성숙될 만큼 성숙한 상태이다. 단순히 좀 아는 정도만으로는 부족하다. 중국 생리에 체질을 맞추고 사고의 틀조차 바꿀 수 있는 각오와 노력이 있어야 한다. 이러한 환경일수록 제3자에게 의존하는 진출 방식은 더더욱 안 된다는 생각이 강하게 든다. 진출을 원한다면 좀 늦더라도, 힘이 들더라도 충분한 조사와 전략수립을 한 후에 진출하고자 하는 주체가 직접 할 것을 강조하고 싶다.

최근 들어 필자는 그 동안 걸어온 중국생활을 되돌아보고 굽어서 돌아온 길은 새로 가다듬어 보기도 하며 때로는 나름대로 열심히 노력하여 얻은 경험과 지식을 보태어 정리 작업을 하던 중에 얼마 전 한국에서 친구를 만났다. 그는 과거 금성사 시절 동료이기도 하지만 필자가 괴롭거나 어려움이 있을 때마다 늘 용기를 주던 친구 주충남 사장이다. 필자는 종교가 없지만 그 날 따라 종교이야기와 중국이야기를 나누다가 그는 필자에게 충고 한 마디를 던졌다. "남을 위해 기도할 수 있는 용기를 가질 때 진정한 행복을 느낄 수 있다"고. 그러면서 필자에게 지금까지 겪었던 경험이나 지식들을 바탕삼아 중국에서 새로 시작하는 분들을 위하여 기도하는 마음으로 글을 남기라는 것이었다. 참으로 많은 용기를 얻게 되었다.

필자는 아직도 중국을 다 안다고 할 수 없다. 그래서 더 많은 경험을 가진 후배 정찬원 사장 그리고 북경대학 교수를 역임했으며 지금은 평택대학교 국제관계학부 중국학과에 계시는 오일환 교수의 많은 도움을 받았고, 북경 사범대학 Fuzzy연구소를 맡고 계시는 중국인 백명(白明) 교수님과 중국 전자공업국 부국장을 지내셨던 백만현 선생님의 여러 가지 조언을 참고하였다.

　독자 여러분의 성공과 건승을 빌며, 이 책이 조그만 보탬이라도
될 수 있기를 삼가 기도드린다.

2006년 6월

전 찬 호

1^장 중국 들여다보기

2^장 중국사회 감 잡기

5^장 요식업을 통해서 본 중국시장

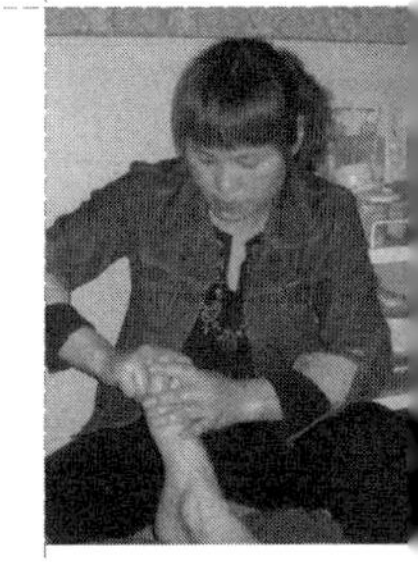

6^장 중국 부동산 이해하기

중국 들여다보기 1^장

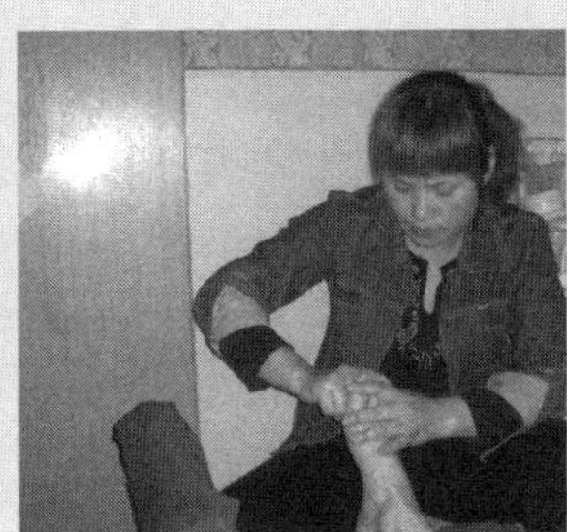
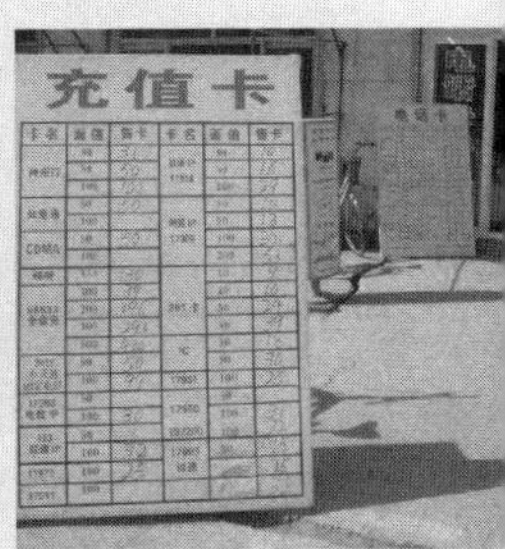

중국의 대발전 전략

　중국은 1세대 지도자인 마오쩌뚱(毛澤東)이 중국 "공산당 혁명의 영웅"이라면, 2세대 지도자인 덩샤오핑(鄧小平)은 "경제 개혁의 영웅"이며, 3세대 지도자 장쩌민(江澤民)은 덩샤오핑의 개혁 개방정책을 이어받아 "경제성장을 이룩한 지도자"다. 그리고 2003년 3월 새로운 지도자로 탄생한 4세대 지도자 후진타오(胡錦濤)는 지금까지 덩샤오핑과 장쩌민에 이르는 동안 성장 일변도의 급속한 경제발전 정책으로 나타난 여러 가지 사회문제를 해소하며 경제성장을 동시에 도보하는 새로운 경제 패러다임으로 "조화로운 사회"를 만들어 가는 정책에 무게를 두고 있다.

　중국의 대발전전략은 2세대 지도자인 덩샤오핑의 "선부론(先富論)"과 "양개대국론(兩個大局論)" 사상을 기초로 하여 선(先) 경제발전을 이룩하면서 사회적으로는 중산층 사회에 대한 "원바오(溫飽) 사회" —"샤오캉(小康) 사회"— "따통(大同) 사회"로 이어지는 3단계 발전전략상을 모토로 하고 있다.

선부론은 우선 동부 연해지역에 대해서 각종 유리한 요소를 활용하여 먼저 개발한다는 것이며, 이어서 양개대국론은 동부 연해지역의 발전을 상대적으로 낙후된 중·서부지역의 개발에 활용함으로써 결과적으로는 전반적인 공동 발전을 모색해야 한다는 이론이다.

3단계 발전전략상은 1단계가 "따뜻하고 배부르다"라는 의미의 "원바오 사회"로서 이미 지난 2003년에 GDP 1000달러를 넘김으로써 달성을 하였고, 그 다음 단계로서는 "문화적 여유가 가미된 중산층 생활"로 진입하는 "샤오캉 사회"를 목표로 2020년까지 GDP 3000달러를 달성한다는 계획이다. 샤오캉 사회의 판단기준으로는 우선 쾌적하고 안전하고 편리한 주거조건으로서 자기 집을 보유하고, 고급 실내 인테리어와 가구가 구비되고, 매주 3회 이상 헬스나 오락으로 레저 생활을 즐기고, 고전과 교양서적을 읽고 경제신문을 구독할 수 있는 단계의 사회를 말한다. 마지막 단계인 "따통 사회"는 선진국 수준의 "복지사회"를 건설하는 것으로 2050년까지 GDP 1만 달러를 달성한다는 야심찬 계획을 추진하고 있다.

덩샤오핑의 선부론(先富論)과 양개대국론(兩個大局論) 사상을 기초로 한 대표적인 국책사업으로는 3세대 지도자 장쩌민이 주창하고 2000년 3월 전국 인민대표회의(全人大)에서 주룽지(朱鎔基) 총리가 발표한 "서부 대개발계획"을 들 수가 있다. 서부지역에 대한 사회 인프라 건설을 가속화하고 산업의 구조조정과 생태환경을 개선하고 과학기술 및 교육을 강화하는 것을 근간으로 동부 연안지역에 버금가는 발전을 이룩하겠다는 계획이다.

주요 대상지역으로는 상대적으로 낙후된 서부지역의 6개 성(省), 5개 자치구, 1개 직할시를 대상으로 하며 발표 시점을 기준으로 해서 50년에 걸친 초장기계획 하에 3단계로 추진하고 있다. 개발 초기단계는 2000년을 시작으로 제10차 경제개발 5개년 계획 기간인 2005년까지 전반적인 계획과 정책을 수립하고, 정부의 주요기구를 설립하고, 사회 기간산업인 SOC분야 건설을 가속화한다는 것이다. 그 다음 2단계는 2006년부터 2015년까지 10년 동안 개발능력을 가속화하고, 비(非)SOC분야에까지 투자를 확대하는 대규모 개발을 추진하며, 마지막 3단계는 2016년부터 2050년까지 25년 긴 시부지역을 도시화·시징화하여 구매력을 향싱시키고, 진면직인 대외 개방으로 국제화 수준을 제고한다는 대개발 전략이다. 이에 따라 외국인 투자도 적극적으로 유치하기 위하여 서부지역에 투자하는 외국 기업에 대해서는 특별히 최고 수준의 세제혜택을 제공한다는 계획으로 추진중에 있다.

　그러나 중국은 성공적인 개혁개방 정책과 서부 대개발에 대한 강력한 추진 등으로 국가 전체로는 엄청난 경제성장을 이룩하고 있지만 그 이면에는 새로이 나타나는 사회적 불안요소도 만만치 않다. 대표적인 현상으로는 도시와 농촌간의 빈부격차가 극심하고 특히 국유기업을 근간으로 하는 동북3성(吉林省, 遼寧省, 黑龍江省) 지역의 경제가 상대적으로 소외되고 있다는 것이다. 이에 따라 4세대 지도자 후진타오 정권이 들어서면서부터는 농촌 경제정책을 제1과제로 하여 한국의 새마을 운동을 거울삼아 "신농촌 운동"을 전개하고 또한 "동북3성 개발"을 주창하여 "서부 대개발"과 함께 양대 국책사업으로 추진해 나가고 있는 것이다.

　농촌문제에 있어서는 과거 수많은 농민 봉기의 역사적 교훈에서도 보아 왔듯이 농민들은 인내를 잘 하지만 한계에 다다랐을 때는 폭발적인 소요를 일으키는 특성이 있는데, 지금 이 시점에 바로 심각한 수준에 와 있다고 판단한 것이다. 도농간의 소득 격차가 3:1 혹은 보는 이에 따라 5:1 정도로 벌어져 있다고 하고 농촌의 의료 혜택이나 교육여건이 도시에 비해 비교할 수 없을 정도로 열악하고 무능한 지방행정 관료들의 행패 또한 농민들을 더욱 괴롭히고 있는 실정이다. 이미 지난 2005년에 중국 전역에서 일어난 집단 항의시위만 해도 8만 7000여 건으로 대부분이 농촌에서 일어났으며 이는 중국 농민들의 집단봉기의 시발이라고 보는 사람도 있다.

이에 후진타오는 "다함께 잘살자"는 "공동부유론(共同富裕論)"을 내걸고 "농민이 부유해야 사회가 안정되고 국가가 흥한다"고 주창하며 지금까지의 발전과정에 있어서 상대적인 소외와 희생을 당해 온 농촌지역을 적극 육성해 나가는 정책으로 "신농촌 운동"을 전개하고 있는 것이다. 그 실례로 중국 정부는 당장 2006년 1월 1일을 시작으로 중화인민공화국 설립 이래 처음으로 농업세를 폐지한다고 발표하였으며 이어서 3월 5일 개막된 제10기 4차 전국 인민대표회의에서는 원자바오(溫家寶) 총리가 "사회주의 신농촌 건설"을 역설하고 이를 통하여 "3농(농업, 농민, 농촌)문제 해결"을 최우선 과업으로 올려놓기도 했다.

동북3성 개발은 2003년 10월에 결성되어 대규모 국유기업에 대한 구조조정과 지역경제 발전을 꾀하는 방식으로 추진되며 특히 동북 3성은 각 성(省)별 경제규모나 발전수준의 차이가 큰 관계로 랴오닝성(遼寧省)을 중심으로 하여 지린성(吉林省)과 헤이룽장성(黑龍江省)이 각각 그 지역별 경제기능을 분담하는 방식으로 동북3성 권역이란 또 하나의 새로운 경제권역으로 발전시켜 나간다는 것이다.

동북3성 개발의 특징으로는 서부 대개발이 중앙정부 주도하에 추진되는 반면 동북3성은 지방정부 주도 및 권한 하에 추진된다는 점이다. 최근의 한 실례를 보면, 2005년 9월에 랴오닝성 부성장인 리완차이(李萬才)는 "중앙정부 산하의 국유기업과 광산을 제외하고는 성 내의 모든 국유기업에 대해 지배 주주권을 외국 투자자에게 개방한다"고 발표를 하였으며 "외국 투자자의 지분도 51~100%까지 획득 가능하다"고 하였다. 이는 중국에서는 처음 있는 획기적인 조치로 지린성과 헤이룽장성도 국유기업의 개혁을 앞당기기 위해 조만간 뒤따를 전망이다. 또 하나는 지리적 특징으로 어러스(러시아)의 대륙횡단 철도와 한반도를 연결하고 몽골(외몽고)과도 인접하는 매우 중요한 위치에 있다는 것이다.

우리나라의 입장에서도 동북3성은 우리 민족인 조선족 동포의 대부분이 살고 있는 곳이기도 하며 개방을 망설이고 있는 북한과도 바로 인접한 곳으로서 앞으로 동북3성 경제권역이 미치는 영향이 북한은 물론 한반도 전반에까지 이어질 것으로 전망된다.

이렇듯 세대를 잇는 지도자들의 경제정책에서부터 대규모 권역별, 성(省)별 그리고 지방의 하부 말단 조직에 이르기까지 새로운 경제 패러다임에 적극 동참함으로써 중국이란 거대한 공룡은 마지막 복지사회인 "대동사회(大同社會)"를 향하여 꿈틀꿈틀 쉼없이 앞으로 또 앞으로 전진을 거듭하고 있는 것이다.

호구제도와 경제개념 

우리나라에서 "호적(戶籍)"이라고 하면 가별(家別) 단위를 기본으로 하여 호주를 중심으로 그 가(家)에 속하는 자의 신분관계를 등록/공증하는 제도이다. 그러나 중국의 호구제도(戶口制度)에 있어서 "호구"란 가별 단위의 신분관계는 물론 해당 행정구역에 합법적으로 거주할 수 있는 권리와 동시에 해당 거주지의 자산에 대한 공동소유권을 가지는 권리까지를 포함하는 개념이다.

중국의 호구제도 역사는 1958년 1월 "중화인민공화국 호구등록조례"를 발표하면서부터 시작되었다. 1949년 중화인민 공화국 수립 이후 1958년 이전까지 약 10년간은 거주이전이 자유로웠으나 호구등록이 시작된 1958년 이후부터 개혁개방 이전인 1978년까지 20년간은 이주가 거의 없었으며 개혁개방을 시작한 1979년부터

다시 학력, 직위, 재력, 신분에 따라 정부의 허가를 받아서 제한적
으로 가능하게 되었다.

　중국은 사회주의 국가로서 호구라는 신분제도는 집체별로 그 해
당지역의 자산에 대해 공동으로 권리를 소유하는 공유자산제도(公
有資産制度)와 연계하는 개념으로 되어 있다. 따라서 헌법상으로는
이주(移住)의 자유가 명시되어 있지만 정부로부터 허가를 받은 특별
한 경우를 제외하고는 실제적으로 거주이전의 자유를 보장받지는
못하고 있다. 그러므로 중국에서는 태어나면서부터 부모의 호구에
따라 그 지방정부로부터 호구를 취득하게 되면 전문지식이나 기술
을 습득하여 정부로부터 허가를 받은 경우를 제외하고는 원칙적으
로는 평생 그 지방경제단위의 일원으로서 살아가게 되는 것이다.

　호구와 연계한 공유자산제도에 있어서는 농촌경제단위에 소속
된 농민의 경우 과거에는 집체단위별 공동경작을 하여 식량배급을
받았다. 그러나 덩샤오핑의 개혁개방 이후부터는 해당지역 농지를
인구수로 나누어 균등하게 분배하고 농민은 분배된 농지에 농사를
지어 일부는 정부에 바치고 나머지를 식량으로 하거나 판매를 하
기도 한다. 농지가 없는 도시지역 인민에 대해서는 각종 국유기업
이나 정부기관에 일자리를 분배하여 공자(工資, 급여)를 지급하며
퇴직 후에도 사망시까지 일정금액을 지급하는 형태로 되어 있다.
또한 농민의 신분으로서 대학을 졸업하거나 전문 기술을 배워 도

시에 있는 기업 혹은 공직에 직장을 얻을 경우는 호구를 옮겨 신분을 바꾸기도 한다.

개혁개방을 시작으로 현재에 이르기까지 근본적인 호구제도의 변화는 없었지만 중국 경제가 자본주의와 같은 시장경제체제로 발전해 오면서부터는 지방의 많은 인구가 도시나 공단지역으로 집중되는 현상을 보이고 있다. 이 중에서도 특히 대학을 졸업한 많은 지식층들의 경우에는 아예 호구를 옮겨 이주하는 사례가 점점 많아졌고 그렇지 못한 일반 농민이나 향진기업 근로자들은 원래의 호구지(戶口地)를 떠나 주요도시나 공업이 발달된 연해지역으로 이동하여 일자리를 찾아 "민공"으로 살아가는 인구도 급속도로 늘어나게 되었다.

여기서 "이주(移住)"의 개념은 개인 혹은 가별(家別) 단위로 정부로부터 허가를 받고 원 거주지를 떠나 다른 지역에 정착을 한 후 그 새로운 정착지역의 주민으로서 권리와 의무를 가지게 되는 상태로 호구이전(戶口移轉)을 뜻한다. 그리고 "민공(民工)"이란 원 거주지 호구는 그대로 두고 임시적으로 외지에 나가 경제활동을 하는 경우로서 이럴 때는 경제활동지역의 재직증명과 일정기간 동안 그 지역 거류허가에 해당하는 잠주증(暫住証)을 취득해야 합법적으로 생활할 수 있다.

이렇게 개혁개방의 영향으로 점차 이주를 하거나 외지로 나가 경제활동을 하는 민공이 늘어나고는 있지만 여전히 중국의 호구제도는 공유자산제도와 맞물려 거주지 이전에 대한 제약은 그대로 남아 있다. 더구나 지금까지 도시중심으로 경제발전이 이루어지면서 많은 문제점도 발생하고 있다. 이 중에 가장 큰 문제는 도농간의 소득 격차와 의료 및 교육에 대한 격차가 크게 벌어지는 현상으로 농민들의 불만이 심각한 상태로까지 발전했다는 점이다.

이에 중국정부에서는 여러 가지 농촌경제발전 정책을 내놓는 한편 호구제도에 있어서도 근본적인 변화의 조짐을 내비치고 있다. 실례로 광동성과 절강성 등 일부 성급별로는 특정지역에 한해서 시범적으로 호구제도에 제한을 받지 않고 농공신분의 호구를 가지고서도 자유롭게 도시지역의 직장을 가질 수 있도록 하는 시범 정책을 실시하는 곳도 나타나고 있다. 또한 2006년 1월에는 북경시 인민대표대회 4차 회의기간 중 기자회견에서 북경시 인사국은 "지금까지 일정한 학위나 직위 없이는 불가능했던 북경시 호구취득에 대해서 앞으로는 그 문턱을 크게 낮추는 다양한 제도마련을 하겠다"고 발표를 함으로써 향후 중국의 호구제도에 많은 변화가 있을 것이란 예상까지 나오고 있다.

사회주의 농촌 엿보기

중국을 여행하다 보면 주로 가게 되는 곳이 북경, 상해, 광주, 심천 … 등 발전된 대도시나 경제개발구 정도이다. 가는 곳마다 독특한 문화의 차이를 느낄 수 있고 생활환경이나 기후조건도 제각기 다르다는 것을 느끼게 된다. 그러나 우리가 어릴 적부터 교육을 받아온 자본주의와 사회주의의 비교되는 요소에 대해서는 의외로 찾아보기 힘들다.

겉으로 보기에는 발전된 도시환경은 어느 나라 여느 도시와도 엇비슷하고 이용하는 교통수단, 통신수단도 그렇고 상업적인 문화나 일반적인 의식주 문화 역시 독특한 면은 있지만 누구나 쉽게 수긍할 수 있는 범주에서 크게 벗어나지 않는다.

그러나 중국 농촌에 가보면 뭔가 우리와는 많이 다르다는 것을 느끼게 된다. 오래된 낡은 건물이나 담벼락에 쓰여진 각종 구호 문구가 그렇고 어디를 가나 잘 정리된 경지정리 그리고 똑같은 구조로 여러 줄의 횡으로 열을 이루고 있는 집들이 특히 다르다. 행정단위에 있어서도 농촌경제조직의 규모에 따라서 인민공사(人民公社)의 하부조직으로 “생산대대(生産大隊)”나 “생산소대(生産小隊)”와 같은 전투적인 명칭을 사용하고 있다는 점에서 사회주의적인 자취를 엿볼 수 있다.

지금의 중국 행정단위는 ‘성(省)’이나 ‘직할시’ 아래에 ‘시(市)’와 ‘현(縣)’이 있고, ‘현’은 우리나라의 ‘군’ 단위에 속한다. 다음으로 우리나라의 ‘읍(邑)’이나 ‘면(面)’ 단위에 해당하는 ‘진(鎭)’이나 ‘향(鄕)’이 있고 마지막 말단 단위가 ‘촌(村)’으로서 우리나라 농촌의 ‘동(洞)’이나 ‘리(里)’에 해당된다. 개혁개방 이전에 사용하던 행정단위로서 ‘인민공사’는 지금의 ‘진’이나 ‘향’으로 바뀌었으며 ‘생산대대’는 ‘촌’으로 개칭이 되었으나 편의상 ‘대대’와 그 하급단위인 ‘소대’는 아직도 그대로 불리어지기도 한다.

사회주의의 농촌경제활동 제도 역시 과거에는 우리와 너무나 달랐다. 개혁개방 이전까지는 ‘집체농업체제(集體農業體制)’로서 집체노동으로 농사를 짓고 수확되는 식량은 정해진 할당비율에 따라 일정한 양은 정부에 바치고 나머지는 집체구성원 수에 따라 배급으로 나누어 주는 형태였다. 정부에 바친 식량에 대해서는 그 해에 정해진 단위금액으로 환산하여 대금으로 받게 된다. 이 대금의 일부는 '표준제도'로서 전 구성원에게 표준에 따라 일률적으로 분배되며, 나머지 일부는 '차등제도'를 적용하여 노동인력에 대해서 경작에 참여한 공분(工分)에 따라 차등적으로 지불해 주는 제도를 취했었다. 하루를 "1공분"으로 계산하고 반나절이면 "0.5공분" 반나절을 조금 넘게 일했으면 0.7 혹은 0.8공분 등으로 산정한다.

개혁개방과 함께 1982년 "중국적 특색의 사회주의"를 천명하면서부터는 '개체농업체제(個體農業體制)'로 전환하여 혁명 이전의 '자작소농체제(自作小農體制)'와 유사한 형태로 바뀌게 되었다. 기한을 정하여 농지를 각 구성원 수로 나누어 지역에 따라서 한 사람에게 2무(畝), 2.5무 혹은 3무 등으로 분배하여 가구별 단위로 농사를 짓도록 하였다. 구성원 중 사망자가 생기면 그에 해당하는 농지는 회수하고 새로 태어나는 아이는 호구등록과 함께 해당하는 농지를 분배해 준다. 분배기한은 초기에 15년 단위로 정했다가 도중에 개정법에 의하여 30년으로 바뀌었으며 새로 태어나는 아이가 사망자보다 많아서 분배할 땅이 모자라는 경우에는 돈으로 지급해 주는 경우도 있다. 그리고 자녀가 다른 성이나 도시에 있는 대학에 들어가거나 기타 기술이나 특별한 능력이 있어서 다른 지역으로 이주하여 호구를 옮기는 경우에는 보유하고 있던 농지는 당연히 회수된다.

　여기서 참고로 중국의 토지단위인 '무'는 1무가 한국 평수로 약 200평, 한국의 논 한 마지기(斗落)에 해당한다. 그러나 중국 농촌의 농지는 '큰 무'라고 하여 1무가 한국 평수로 약 300평, 즉 한국의 밭 한 마지기의 면적에 해당하는 단위를 적용한다.

　중국의 농촌 경제조직이 집체농업체제에서 개체농업체제로 바뀜과 동시에 도시지역에서 노동집약적 공업화가 급속하게 진전됨에 따라 최근 들어서는 중국의 농촌사회도 급격한 전환기를 맞게 되었다. 농촌의 노동인력이 대거 도시로 이동하여 도시인구가 급증하는 한편 상대적으로 농촌인구는 급속히 줄어들어 학교나 의료기관 등 각종 기관이 통폐합되거나 없어지기도 하고 심한 경우는 한동네 전체 인구가 이농하는 현상까지 나타나서 농촌경제체제 자체가 마비되는 현상마저 일어나고 있는 실정이다.

중국인의 호칭에 대하여

   남을 부르는 호칭으로서 성인 남자에게는 "셴성(先生)"을, 성인 여성에게는 "샤오지에(小姐)"를 일반적으로 많이 사용한다. 처음 만나거나 모르는 사람의 경우는 그냥 셴성, 샤오지에로 통칭으로 사용하면 되고 상대방의 성씨를 아는 경우는 성씨를 앞에 붙여 "진 셴성(김 선생)", "리 셴성(이 선생)" 그리고 "퍄오 샤오지에(朴小姐)", "쳰 샤오지에(全小姐)" 등으로 부르면 좀더 친근감 있는 표현이 된다.

   여성의 경우에 "샤오지에는 주로 우리나라의 '아가씨'의 의미로 많이 사용한다. 원래는 아가씨뿐만 아니라 사회생활을 하는 결혼한 여성에게도 사용 가능한 호칭이나 자주 사용되는 것은 아니다. 자기보다 나이가 많은 여성의 경우는 "지에지에(姐姐, 누나)", "따지에(大姐, 큰누나)" 혹은 "아이(阿姨, 이모)"도 자주 사용하는데 한국

에서와 마찬가지로 친누나, 친이모가 아닌 경우에도 좀더 친숙한
표현으로 많이 사용하는 호칭들이다. 지에지에나 따지에의 경우는
역시 앞에 성씨를 붙여 부를 수가 있는데 여기서 지에지에의 경우
는 진 지에(金姐)처럼 성씨 뒤에는 주로 지에(姐)자를 하나만 붙여
사용한다.

가까운 사이로서 자기보다 어린 여성에게 부르는 호칭으로는 친
여동생 혹은 여동생 뻘이란 의미로 "메이메이(妹妹, 여동생)"가 있
으며 어리다는 느낌이 좀더 강조되어 "샤오메이(小妹)" 혹은 "샤오
메이메이(小妹妹)"도 자주 사용되는 호칭이다. 그리고 좀더 친한 사
이의 경우는 직접 이름을 부르는 경우가 많다. 나이가 많은 사람이
청순하고 아주 젊거나 어린 여자에게는 "꾸냥(姑娘)"이라고 부르는
호칭도 있으나 주로 옛날 사람들이 많이 사용하던 것으로서 요즘
에 와서는 잘 사용하지 않는다.

상대방이 남성인 경우는 "셴성(先生)" 혹은 성씨를 아는 경우에
는 성씨를 앞에 붙여 "선 셴성(申先生)"과 같이 일반적으로 가장 폭
넓게 사용되고 있으며, 특히 상대방의 나이가 자기보다 많고 잘 아
는 사이이거나 친형제인 경우 모두 "꺼거(哥哥, 형)", "따꺼(大哥, 큰
형님)" 혹은 친형제가 아닌 경우는 성씨를 앞에 붙여 "진꺼(金哥, 김
형)", "리따꺼(李大哥, 이씨 형님)"로도 많이 부른다. 그리고 한국에
서 원래 의미로는 삼촌이란 뜻이지만 흔히 어린 아이들이 "아저씨"

라는 의미 정도로 부르는 "수수(叔叔)"라는 말도 자주 사용한다.

　나이가 자기보다 적은 남성인 경우는 친한 사이라면 의미로 보면 "띠디(弟弟, 남동생)"이지만 다른 사람에게 소개할 때처럼 3인칭으로 사용하는 경우 외에는 별로 쓰지 않고 직접 이름을 부르거나 성씨 앞에 샤오(小)자를 붙여 부른다. 잘 모르거나 존중의 의미로 부를 때는 "셴성" 혹은 성씨를 앞에 붙여 "x셴성(x先生)"으로 주로 부른다. 드물게는 남동생 혹은 남동생 뻘이 되는 사람을 보고 "샤오띠(小弟)" 혹은 "샤오띠디(小弟弟)"라고 부르는 경우도 있으며 이는 우리말로 "어이, 동생!" 정도로 이해하면 될 것이나 특히 이 말은 장소에 따라 매우 조심해야 할 필요가 있다. 왜냐하면 흔히들 짓궂은 농담으로 남자의 성기를 표현할 때 더 많이 쓰는 단어이기 때문이다.

　사회적인 신분이나 직책, 직위 등을 사용하여 부르는 경우에는 전문기술이나 기능직의 사람에 대하여 존중의 의미가 내포된 것으로 "스푸(師傅)"라는 호칭이 있다. 이는 운전기사나 목공 등 매우 폭넓게 사용되며 역시 그냥 스푸라고 부르기노 하고 성씨가 문(文)씨라면 성씨를 앞에 붙여 "원 스푸(文師傅)"라고도 부른다. 그러나 처음 만나서 신분을 잘 모르는 상대에게 설사 전문 기술자나 기능인이 아니라 할지라도 존중하는 의미에서 스푸라고 부르는 경우도 있다. 학교 선생님의 경우에는 "라오스(老師)"라고 부르며 대학교수인 경우는 "쟈오쇼우(敎授)", 박사학위 소지자에게는 "버스(博士)", 의사인 경우는 "따이푸(大夫)" 혹은 "이성(医生)"이라고 부르며 이 또한 성씨를 아는 경우에는 모두 성씨를 앞에 붙여서 사용하면 된다.

사장의 의미로 사용하는 호칭 중에 대표적으로는 "라오반(老板)" 과 "종징리(總經理)"가 있는데 라오반은 공장이나 상점의 "주인"이 란 의미에서 주로 소규모 개인 회사나 식당 등의 경우에 주로 많이 사용한다. 이 경우 여자 사장이거나 또는 남자 사장의 부인인 경우 도 역시 모두 주인이란 의미에서 "라오반냥(老板娘)"이라 부른다. 종징리는 보통 회사에서 경영을 책임지고 있는 위치라는 의미에서 사장은 물론 특정 부문을 대표하는 자리에 있는 부장이나 과장 직 위까지도 붙일 수 있는 호칭이다. 서로 잘 알고 지내는 사이인 경 우는 역시 성씨를 앞에 붙여 장씨 성을 가진 분이라면 "장 종징리 (張總經理)" 혹은 좀더 약(略)해서 장종(張總)이라는 표현으로 자주 사용한다. 또한 다른 직급과 특별히 구분해서 사장에게만 부를 때 는 "라오종(老總)"이라고도 한다. 그리고 "동스장(董事長)"이 있는데 위에 설명한 종징리가 경영을 대표한다고 하면 동스장은 주주총회 에서 선출된 대표이사, 즉 대내외적인 법적 대표로 보면 된다. 따 라서 동스장과 종징리는 동일인일 수도 있고 각각 다른 사람일 수 도 있다.

　중국 사람들 간에는 잘 사용하지 않는 말이지만 우리나라와 같이 회사의 사장, 즉 중국식 표현으로 "써장"(社長)이라고 해도 잘 통하며 "뿌장(部長)", "커장(科長)" 역시 중국에 진출한 우리나라 회사의 경우 대부분 사용하고 있는 호칭들이다. 여기서 한국과 좀 차이가 있다면 한국의 과장은 한자로 "課長"이지만 중국에서는 "科長"으로서 한국의 과장보다는 좀 낮은 직위로 보면 된다. 한국회사의 중국 지사장의 경우는 해외로 파견된 조직의 대표라는 의미로 직책은 주로 "써우시따이뱌오(首席代表)"로 사용하며 직위는 종징리, 뿌장, 커장 등으로 별도로 사용한다. 여러 개 회사를 가지고 있는 그룹 회장의 경우는 "후이장(會長)"이라고도 하나 이는 별로 사용하지 않고 주로는 "종차이(總裁)"란 호칭을 사용한다. 종차이는 한국에서는 "총재"로서 주로 공직에서 사용하는 호칭이지만 중국에서는 일반회사에서도 대부분 사용한다.

　지금까지 설명한 바와 같이 남/녀 성별이나 일가친척 관계별 그리고 사회적 신분, 직책, 직위 등을 기준으로 불리어지는 호칭 이외에도 사회주의 이념과 관계되는 "동지" 즉 중국말로 "통즈(同志)"라는 호칭이 있다. 이는 과거에 남녀노소 관계없이 넓은 의미의 호칭으로 사용되던 것이고 지금도 문어체로서는 많이 사용하나 구어체로서는 연세가 많은 분들이나 아직도 시장경제체제의 조류와 동떨어진 농촌지역 등에서 가끔 사용되고 있다. 그리고 개혁개방의 영향을 가장 많이 받은 주요 도시에 사는 사람들 간에는 혹 농담 정도로 사용하는 경우 외에는 이제는 자주 들어볼 수 없는 호칭이 되어 버렸다.

　친구라는 의미의 "펑요(朋友)" 역시 남녀노소 구분 없이 많이 사용되고 있는데 특별히 꼬마친구라고 할 때는 "샤오펑요(小朋友)"라고 하며, 자신보다 나이가 많은 사람을 두고는 예의 관계상 "펑요"를 붙여서 사용하지는 않고 위에 설명한 꺼거(哥哥, 형), 따꺼(大哥, 큰형님) 등 기타 다른 여러 가지 호칭들을 사용한다. 다만 아주 오래된 친구란 의미로서는 "라오펑요(老朋友)"라고 해서 남녀노소 관계없이 매우 많이 사용한다. 펑요란 말은 특히 남/녀를 구분해서 3인칭으로 사용할 때는 좀 특별한 의미가 되므로 각별히 주의하여야 한다. 글자대로 해석하여 남자친구란 표현인 "난펑요(男朋友)"는 남자애인을 뜻하고, 여자친구란 표현인 "뉘펑요(女朋友)"는 여자애인을 뜻한다. 물론 일반적인 남자친구 혹은 여자친구란 표현으로도 경우에 따라서는 난펑요, 뉘펑요라고도 사용하긴 하지만 굳이 정확하게 표현하자면 이럴 때는 한국말로 "~의"라는 뜻인 "的"자를 중간에 삽입하여 "난더펑요(男的朋友)", "뉘더펑요(女的朋友)"라고 표현하는 것이 오해의 소지를 없앨 수 있는 더 정확한 표현이라 할 수 있다.

　또 다른 남녀노소 구분 없이 많이 사용하는 표현으로는 '아주 친하여 형제처럼 허물없는 관계'란 의미의 "꺼멀(哥們儿)"이란 말이 있다. 다른 사람에게 소개를 하거나 할 때 더욱 친숙함을 강조하는 말로는 앞에 티에(鐵)자를 하나 더 붙여 "티에꺼멀(鐵哥們儿)"이라고도 한다. 외국 사람의 경우 진정한 중국 꺼멀이 얼마나 있느냐에 따라 그 사람의 중국생활 전반에 있어서의 성공여부를 판단하기도 한다.

남/녀 구분 없이 일반적으로 가장 편리하게 사용하는 호칭으로서 자기보다 어린 사람의 경우에 성씨 앞에 샤오 자만 붙여 "샤오 장(小張)", "샤오 천(小陳)"처럼도 많이 사용하며 특히 애기들의 경우는 "샤오할(小孩儿)"이라고 한다. 자기보다 나이가 많은 경우는 라오(老) 자를 성씨 앞에 붙여 "라오 왕(老王)", "라오 추이(老崔)"로 많이 사용하며, 이들은 남녀를 구분해서 사용하는 "장 샤오지에(張小姐)", "천 셴성(陳 先生)"보다는 좀더 친밀한 느낌을 준다.

또한 남방 광동지방에서는 비교적 친밀한 사이에 남/녀 구분 없이 애칭으로서 "아(阿)"자를 성씨 앞이나 이름의 마지막 자(字) 앞에 붙이는 방법으로도 많이 사용한다. 예를 들어 이름이 "주영진(朱英珍)"인 경우 "아주(阿朱)" 혹은 "아쩐(阿珍)" 등으로도 많이 사용하며, 또한 그냥 남동생 뻘인 경우 "아띠(阿弟)", 여동생 뻘인 경우 "아메이(阿妹)", 형 뻘인 경우는 "아꺼(阿哥)"라고도 사용한다.

가족 간의 호칭에 있어서는, 아버지는 "빠(爸, 파)", "빠바(爸爸, 파

파)” 혹은 “띠에(爹, 다)”, 어머니는 “마(媽)”, “마마(媽媽)” 혹은 “냥(娘)”이라고 부르고, 할아버지는 “예(爺, 야)” 혹은 “예예(爺爺, 야야)”, 할머니는 “나이나이(奶奶, 내내)”라고 부른다. 부부의 경우 남편이 부인에게는 “라오퍼(老婆)”, 부인이 남편에게는 “라오꿍(老公)”으로 가장 많이 사용하며 다른 표현으로 3인칭으로 사용할 때는 남편의 경우 “장푸(丈夫)”, “셴성(先生)” 그리고 부인의 경우는 “푸런(夫人)”, “타이타이(太太)” 혹은 “시펄(媳婦儿)”이라고도 하며 부부 서로간에 모두 사용하는 말로는 “아이런(愛人)”이라는 호칭도 있다. 아이런은 특히 우리나라에서 사용하는 애인과 글자는 같지만 사용은 완전히 달리함을 주의해야 될 것이다.

참고로 한번은 필자가 중국 진출 초기에 사귀게 된 어느 조선족 동포와 함께 그 분의 고향에 여행 갔을 때였다. 그 분의 친구집에 들르게 되었는데 그 친구는 우리를 매우 반갑게 맞아주고 말씨 또한 지금 우리나라의 경상도 농촌 사투리를 그대로 구사하여 따뜻한 정감 같은 것을 느낄 수 있었다. 그런데 그 친구가 자기 부인을 보고 너무나 자연스럽게 “동무!”라고 부르는 것을 듣고 깜짝 놀란 적이 있다. “동무”란 호칭은 요즘 젊은 세대에서는 거의 사용하지 않지만 아직도 우리 동포가 살고 있는 연변자치주나 농촌지역의 나이가 많은 층에서는 부부간뿐만 아니라 다른 여러 관계 간에도 더러는 사용되는 호칭임을 알아둘 필요가 있을 것 같다.

명함 속에 숨은 정보

　중국에서는 기업을 설립하게 되면 우선 공상행정관리국(工商行政管理局)에 등록을 하게 되는데 이 때 기업의 명칭도 심사와 비준을 받은 뒤에라야 사용할 수 있다.

　일반적인 기업은 회사 이름으로 '중국(中國)' '중화(中華)' '국제(國際)'란 명칭은 함부로 붙이지 못하게 되어 있으며 대외적으로 국가를 대표하는 큰 기업인 경우에 한해서 국무원이나 기타 해당기관의 비준을 받아서 사용할 수는 있다. 따라서 중국인 명함의 회사 이름 앞에 '중국' '중화' '국제'란 명칭이 붙어 있는 경우는 국가차원에서 관장하는 대규모기업이라고 보면 된다.

　회사이름 뒤에 '~집단공사(集團公司)'라는 글자가 들어 있으면

우리로 말하면 자회사가 있는 '그룹회사'를 뜻하며, '~공고공사
(控股公司)'라는 글자가 있으면 '지주회사'의 의미이고, 또한 '~고
분유한공사(股分有限公司)'란 글자가 있으면 '주식회사'를 뜻하는
것으로 역시 모두 큰 기업에 속한다.

회사이름 뒤에 '~경제유한공사(經濟有限公司)' '~과무유한공사
(科貿有限公司)' '~과기유한공사(科技有限公司)' '~무역유한공사
(貿易有限公司)' '~상무유한공사(商貿有限公司)' '~설비유한공사
(設備有限公司)' '~창의유한공사(創意有限公司)' '~기전유한공사
(機電有限公司)' '~지제품유한공사(紙製品有限公司)' '~오락유한공
사(娛樂有限公司)' 등 '업종＋유한공사'로 표기된 회사는 회사별 자
본금의 차이는 있지만 일반적으로 작은 규모의 회사로 보면 된다.

이처럼 중국의 회사명은 '행정구역(省, 市, 縣)＋상호＋업종특
성＋조직형태'로 구성되어 있어 명함만으로도 어디에 있는 어떤
업종의 회사이며 그 규모 또한 어느 정도임을 대충 가늠할 수 있다.

중국인의 명함에는 특히 '토우시엔(頭衔)'이라고 하여 이는 그 사
람의 신분을 나타내는 여러 개의 '직함'이 적혀 있는 것을 자주 볼
수 있다. 토우시엔은 학위, 학직이나 관직, 명예칭호 등 여러 가지
직함을 대표하는 말이며 굳이 구분하여 사용할 경우는 관직의 경
우에 '꽌시엔(官衔)', 학위는 '슈에시엔(學衔)'이라고도 한다. 일반

적으로 여러 개의 토우시엔이 있는 경우는 가장 첫 번째의 토우시엔이 그 자신을 가장 대표하는 직함으로 보면 된다.

연락처로서는 주소는 '띠즈(地址)', 우편번호는 '여우비엔(郵編)', 일반 전화는 그대로 '뗸화(電話)'로 표기하고 경우에 따라서는 교환대 혹은 대표전화를 '종지(總機)', 구내전화 혹은 교환전화를 '펀지(分機)'로 구분하기도 한다. 대표전화와 구내전화를 간단히 한꺼번에 표기하는 방식으로는 '(010)64378050 轉 228'과 같이 대표전화와 구내전화 사이에 펀지로 연결해 달라는 의미의 쫜(轉)을 넣어 표기하는 경우도 많다. 그리고 핸드폰은 '쇼지(手機)'라고 하며 특히 대만에서는 '싱뚱뗸화(行動電話)'라고 한다.

이메일(E-mail)은 '뗸즈여우지엔(電子郵件)', '뗸여우(電郵)', '뗸즈신샹(電子信箱)', '신샹(信箱)' 등 여러 가지 표기방식이 있으며 홈페이지는 '왕즈(網址)', '왕예(網頁)', '주예(主頁)' 등을 사용한다.

직함과 관련해서는 경영진으로 법정 대표이사격인 동스장(董事長)과 동스후이(董事會, 이사회)의 주주대표격인 동스(董事)가 있다. 업무적인 직함으로는 종징리(總經理), 뿌종징리(副總經理), 종징리 주리(總經理助理, 총경리 비서), 징리(經理) 혹은 커장(科長), 주관(主管) 혹은 주런(主任) 등으로 분류된다. 생산 공장관련 직함은 공장장은 창장(廠長, 간체자로는 厂長), 부공장장은 뿌창장(副廠長), 주런

(主任) 등이 있으며 기술부문의 경우는 고급 기술자라는 '까오지꿍청스(高級工程師)', 기술자라는 '꿍청스(工程師)' 등이 있다. 또한 부문별 총책임자 격으로 '종지엔(總監)'도 많이 사용된다. 주의할 사항으로 총경리는 기업의 대표 혹은 법정대표를 겸하는 경우도 있고 부문별 대표자격으로서도 사용되며 주임의 경우에 있어서도 일반회사에 있어서는 경리나 과장(科長)의 아래 직위지만 정부기관의 경우는 일반 회사와 비교했을 때는 훨씬 높은 과장급 직위라는 점도 알아야겠다.

:: 중국의 국가공무원 체계

연 번	직무(지도/비지도)	급별(1-15)
1	總理級 (총리)	1급
2	副總理級(부총리, 국무위원)	2-3급
3	部長級(부장, 성장)	3-4급
4	副部長級(부부장, 부성장)	4-5급
5	司(局)級(사장, 청장, 국장/순시원)	5-7급
6	副司(局)級(부사장, 부청장, 부국장/조리순시원)	6-8급
7	處級(처장, 현장/조연원)	7-10급
8	副處級(부처장, 부현장/조리조연원)	8-11급
9	科級(과장/주임과원)	9-12급
10	副科級(부과장/부주임과원)	9-13급
11	科員	9-14급
12	辦事員	10-15급

　참고로 외국기업이 중국에 지사나 법인설립을 하였을 경우에 해외지사장 격으로는 수석대표나 총대표란 직함을 사용하고 법인대표의 경우는 주로 총경리란 직함을 사용한다.

중국세태 맛보기

중국이 "공산화 혁명"을 거쳐서 "문화대혁명"이란 혹독한 시련도 겪고 "개혁개방"을 통하여 사회주의 계획경제에서 자본주의적인 시장경제로의 급전환 등 국가적인 대변혁이 끊임없이 이어져 오면서 새로 나타나는 사회풍조들을 빗댄 신조어들도 많이 생겨났다.

주로 "꽌시(관계)"의 매개체로 작용하는 하위공직자들의 비리와 관련하여 "上有政策 下有對策(상유정책 하유대책)"라는 말이 있다. '위에서 정책이 있으면 아래서는 대책이 있다'는 뜻으로 위로부터 아무리 올바른 정책이 내려오더라도 하부조직의 부패한 관료들은 빠져나갈 구멍은 있다는 의미로 오늘날 중국 관료들의 부패상을 지적한 말이다.

이 말은 원래 "上有天堂 下有蘇杭(상유천당 하유소항)"이라고 하여 "하늘 위에 천당이 있고 하늘 아래는 소주(蘇州)와 항주(杭州)가 있다"는 말에서 나온 것이다. 즉, 강소성의 소주와 절강성에 있는 항주 지방의 아름다운 자연경관을 비유한 말이었는데 세간에서는 소주와 항주에 미인들이 많다는 뜻으로 사용하기도 하고 근래에 와서는 말을 좀 바꾸어서 지방 공직자들의 심각한 부정부패를 빗대어 이를 上有政策 下有對策(상유정책 하유대책)이라고 하는 것이다.

급속한 경제성장의 이면에 상대적으로 소외를 당한 서민들의 입장에서는 또 "笑貧不笑娼(소빈불소창)" 즉 "돈 없는 사람은 비웃어도 바람피운 사람은 비웃지 않는다"라고 한다. 이는 '돈'과 '색정'을 서로 대비시킨 말 같지만 실제로는 "개같이 돈을 벌든 색을 즐기든 아무도 비웃지 않는 사회가 됐다"는 뜻이다. 황금만능주의와 색정주의에 젖어가는 오늘날의 세태를 푸념하듯 내뱉는 돈 없는 서민들의 한숨소리이기도 하다.

"北方人 有錢自己賺(북방인 유전자기잠) 南方人 有錢大家賺(남방인 유전대가잠)"이란 말이 있다. 자본주의적인 시장경제체제로 변해감에 따라 북방 사람들과 남방 사람들 간의 기질 차이에 따른 경제활동 방식을 설명하는 말이다. 북방 사람은 돈이 있으면 자기 혼자서 사업을 하여 돈을 벌고 여러 사람을 지배하려는 성격이 강하여 권위나 명예를 중시하고 아울러 신용과 의리도 중요시한다는 뜻이다. 반면에 남방 사람들은 좀더 현실적이고 매우 합리적이어서 돈이 있으면 다른 장점을 가진 사람들과 힘을 합해서 사업을 한다는 말이다. 다시 말하면 남방 사람들은 돈이 있으면 권력이나 능력 혹은 권리나 기회를 가진 사람과 힘을 합해서 사업을 하며 책임과 권한도 합리적으로 나누어 가지고 사업결과에 대한 이익도 정해진 약속에 따라 분배를 하는 프로젝트 중심적인 마인드를 갖고 있다는 것이다. 실제로 남방지역에 속하는 절강성의 상인은 '중국의 유태인'으로 불리어질 만큼 예로부터 상업방면에서 탁월한 능력을 가지고 있고 지금도 그 유명세를 이어가고 있다. 특히 절강성 중에서도 온주(溫州) 상인은 '장사의 달인'이라 할 정도로 유명하다.

좀더 세부적으로 주요 지역별로도 그들이 처해진 환경이나 그들이 추구하는 대표적인 세태들을 비유한 말도 있다.

不到東北 不知道膽小 (부도동북 부지도담소)

不到北京 不知道官小 (부도북경 부지도관소)

不到上海 不知道錢少 (부도상해 부지도전소)

到了海南 才知道白活 (도료해남 재지도백활)

동북에 가보지 않고서는 내가 담(기력)이 작다는 것을 알 수가 없고,

북경에 가보지 않고서는 내가 힘(권력)이 없다는 것을 알 수가 없고,

상해에 가보지 않고서는 내가 돈(재력)이 없다는 것을 알 수가 없고,

해남도에도 가보고나서야 내가 힘(정력)이 약하다는 것을 알게 된다.

이처럼 지역적인 특성을 나타낸 말이 우리로서는 우스갯소리처럼 들릴지도 모르지만 워낙 넓은 땅덩어리 속에서 지역별 문화와 언어와 체형마저도 차이가 나는 중국의 경우에는 충분히 그럴 수 있다 할 것이다.

실제로 동북 사람들의 기력에 대해서는 중국 사람들 간에 누구도 부정하는 사람이 없다. 어느 지역에서든지 택시를 타고 운전기사와 대화를 나누다 보면 흔히들 동북 사람은 담이 크고 술에 강하고 싸움을 하더라도 매우 거칠다고 한다. 성격이 통쾌하나 시비를 가릴 때는 무섭다고 한다.

중국의 수도 북경은 과거 혁명주체세력의 후세들은 물론 현직에 있는 권력실세들과 그 가족들, 그리고 그들과의 학연이나 지연으로 엮어진 꽌시(관계)들로 누가 보더라도 권력의 중심도시임을 느낄 수가 있다. 역사적으로 보더라도 통치권자와 그 주변 실세들이 몰려 있던 곳이라 더더욱 그러하다. 세계적으로 유명한 청화대학, 북경대학이 있는 곳이기도 하고 중국은 물론 중국에 진출한 해외 여러 나라의 대기업 대표처나 본사가 가장 많은 곳도 북경이다.

상해는 과거서부터 해외 교역의 중심지로서 현재도 중국 경제발전의 견인차역할을 하고 있는 대표적인 곳이다. 화동경제권의 중심지로서 상해 포동 경제개발구를 포함하여 인접한 절강성(浙江省)

과 강소성(江蘇省) 등의 수많은 경제 개발구를 끼고 있으며 최근에
는 세계 최대의 물류처리능력을 보유한 양산항을 개장하면서 세계
적인 경제도시의 위상을 갖추고 있다.

'중국의 하와이'라 불리는 해남도(海南島)는 중국의 대표적인 해
양관광지로서 여름의 평균기온이 약 30도, 겨울은 약 20~25도 정
도의 아열대 기후로서 자연경관의 아름다움과 다수의 소수민족이
살고 있는 문화적인 특색 그리고 각종 수상레포츠나 놀이문화가
잘 발달되어 중국인들은 물론 해외 여행객들이 많이 찾는 곳이다.
따라서 관광지역의 특성상 매춘 문화가 발달하고 특히 검게 탄 듯
한 여성들의 피부색으로 건강미(?)가 돋보여서 중국 남성들의 호기
심을 자극하는 곳이기도 하다.

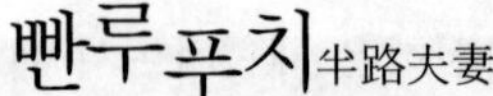 

중국이 개혁개방을 시작한 지도 거의 30년이 다 되어 간다. 그 동안 정치나 경제적인 변화도 급속하게 이루어져 왔지만 여러 가지 사회적 현상들도 많이 변했다. 처음 중국을 여행하는 사람들은 막연하게나마 사회주의 중국에 대한 나름대로의 상상을 하며 떠날 것이다. 하지만 중국 땅에 도착하자 마자 가장 쉽게 목격할 수 있는 장면으로 길거리나 공원, 심지어는 대학 캠퍼스 안의 벤치에서 젊은 남녀가 애무를 하고 있는 장면들을 보고 나면 상상했던 중국에 대한 이미지는 금방 사라져 버릴 것이다.

중국의 도시지역 고중(고등)학교 학생들 중 성경험이 있는 아이들이 절반이 넘고 소(초등)학교 아이들 중에 일부는 콘돔을 갖고 다닌다고 한다. 대학 캠퍼스 안에서는 벤치마다 남녀 둘씩 앉아서 무수히 많은 동료 학생들이 바로 앞을 지나다니는 것도 아랑곳하지 않고 애무를 즐긴다. 교수님이 지나가도 역시 마찬가지다. 날이 저물 때쯤 시내의 하천가나 공원의 벤치에서는 더욱 노골적이다. 이를 보며 지나가는 사람들도 조금은 어색한 느낌이 들만도 하건만 그들 역시 너무도 당연하다는 듯 무덤덤하다.

　대학생들 중에는 다수의 남녀학생들이 짝을 지어 자취를 하고 농촌에서 떠나와 도시나 공단지역의 직장에 다니고 있는 젊은이들도 기숙사에 있지 않은 이상은 대다수가 동거를 한다. 기숙사 생활을 하더라도 틈만 나면 외출이다. 어쩔 수 없이 짝을 찾지 못한 경우나 신체적인 이상이 있는 경우에 간혹 혼자서 생활하기도 하지만 정상인이라면 아주 일반적인 현상이다. 그리고 짝을 바꾸는 기

아파트 단지내
애정 행각

간들도 매우 짧다.

  언론에서는 결혼 전 젊은 남녀가 짝을 지어 살아보는(?) 단계를
"시험계단(試驗階段, 스옌지에두안)", 혹은 "연애계단(戀愛階段, 리롄
아이지에두안)"이라 하여 공공연한 사회적인 현상으로 보도되며
오히려 성교육이나 각종 성병에 대한 교육의 중요성을 강조하고
있다. 얼마 전 어느 신문에 따르면 세계 각국의 수많은 학생들이
중국으로 공부하러 몰려오는 바람에 대학생들의 에이즈 환자수도
우려할 정도로 많아졌다고 한다.

  중국에서는 발렌타인 데이를 "정인절(情人節, 칭런지에)"이라고
한다. 나이든 사람들은 음력 7월 7일(칠월칠석)을 중시하지만 젊은
이들은 서양문화를 거리낌 없이 받아들임에 따라 양력 2월 14일
발렌타인 데이를 매우 중시하고 있다. 정인절이 가까워 오면 각종
인터넷에서는 남녀 애인을 구하는 문구가 넘쳐나고 본인 스스로가
애인임대 경매를 하거나 아예 요즘은 애인을 임대해 주는 전문 업
체까지 등장했다고 한다. 이 날은 식당마다 연인들을 위한 커플세
트 요리를 준비하고 고급 옷가게에서는 커플의상도 준비한다. 여
인숙이나 여관 등 젊은이들이 쉽게 들어갈 수 있는 곳에는 방이 없
을 정도라고 한다.

  몇 년 전 중국 텔레비전에서는 반로부처(半路夫妻, 빤루푸치)라는

연속극을 방영하여 엄청난 인기를 모은 적이 있고 2006년 4월 현
재도 북경 TV에서 재방송되고 있다. 반로부처(半路夫妻, 빤루푸치)
란 30대 정도의 "중년에 만난 부부"라는 뜻으로 비교적 젊어서 이
혼한 사람들이 새로운 상대를 만나 행복을 찾아가는 내용의 연속
극이었는데 현실적인 현상들을 그대로 잘 나타내어 준 내용으로
평가받고 있다.

실제에 있어서도 이혼과 재혼에 대한 인식은 과거와는 판이하게
다르다. 개혁개방 정책과 경제발전, 그리고 서양문화의 급속한 유
입으로 사회적인 구조나 사고방식이 바뀌고 2003년에는 혼인에
관한 등기조례가 제정되어 같은 해 10월부터 시행되면서 그 이전
까지 국가의 비준이나 관리의 대상이었던 결혼과 이혼이 그러한
복잡한 올가미로부터 벗어나게 되었다. 이로부터 중국 인민들은
결혼과 이혼에 관해서는 완전한 자유를 찾게 되고 등기 절차도 대
폭 간소화됨에 따라 각종 사회적인 변화와 함께 남녀관계의 부정
적인 풍조까지 만연하게 된 것이다.

중국의 이혼율은 전체적으로 20%를 훨씬 넘기고 있으며 경제발
전의 정도에 따라 혹은 지역에 따라 크게 차이가 나서 북경의 경우
는 2쌍이 결혼하면 한 쌍이 이혼을 하고 사천성(四川省) 성도(成都)
의 경우는 3쌍 중에 한 쌍이 이혼을 할 정도라고 한다. 그리고 더욱
심각한 것은 비록 이혼은 하지 않더라도 공직자들이나 경제적 능

력이 있는 사람들의 첩 문화가 급속히 만연해지고 직장관계로 떨어져 사는 부부들의 이중 생활은 세계적인 수준이다. 이혼 요구도 남자보다는 여자 쪽이 훨씬 높은 비율을 차지한다고 한다.

이혼율에 관한 한 최근에 우리나라도 세계적으로 매우 높은 수준에 다다르고 재혼에 대해서도 과거에 비해서는 의식의 변화가 크게 이루어졌다. 그러나 이를 보는 이에 따라서는 아직도 곱지 않게 생각하는 경우가 있는데 중국은 생각하는 내용면이나 느끼는 강도(强度)면에서 우리와는 많이 다르다. 결혼 전 시험계단(試驗階段, 스옌지에두안) 자체부터가 우리와는 달리 유행처럼 번지고 있고, 이혼 후 반로부처(半路夫妻, 빤루푸치)의 길을 걷는 당사자들은 드라마처럼 자유롭고 당당하며, 이를 보는 주변 사람들 중에도 아름다운 환상으로 새로운 반로부처의 행복을 꿈꾸는 이가 의외로 많다는 것이다.

중국식 부부싸움

　지난해 겨울, 후배인 정 사장이 회사 창고에 간다기에 같이 가보기로 하고 필자가 차를 운전하고 가는 길이었다. 창고는 북경에서는 변두리에 속하는 "뚱바(東壩)"라는 곳에 위치하고 있어서 가는 길 주변은 일반도심의 모습과는 사뭇 달랐다. 주로 빈민들이 살고 있는 관계로 사람들의 옷차림이 남루하고 찌그러진 가옥들과 생활 폐수가 흐르는 하천이 있었다. 이들의 생활상은 세계를 놀라게 하는 중국의 경제발전과는 아주 먼 거리에 있는 듯하였다.

　거의 도착할 때쯤 어느 동네를 가로지르는 도로를 지나가고 있는데 갑자기 벽돌 한 장이 날아와서는 "툭" 하며 둔탁하게 차에 부닥치는 소리가 들렸다. 급히 차에서 내려 본 결과 다행히 차에는 별 손상이 없었으나, 그렇지만 원인 제공자에게는 뭔가 한 마디쯤은 해주어야겠다는 생각을 하였다. 그러나 벌어지고 있는 정황이 워낙 거칠었던 탓에 우리는 금방 그 기세에 압도당하고 말았다. 악을 쓰는 고함소리와 거친 욕설을 주고받는 어느 부부싸움판에 감히 말을 붙일 용기조차 나지 않았다. 평소에도 부부싸움은 물론 일반 젊은 남녀가 길거리에서 싸우는 모습은 자주 보았지만 그 날은 싸움의 강도(强度)가 여느 때와는 달랐던 관계로 오히려 구경꾼 대열에 끼어 한참 동안을 구경했다. 참고로 중국에는 길거리에서 싸움이 일어나거나 자동차나 자전거 사고가 일어나더라도 누구 한 사람 싸움을 말리거나 사고 수습을 돕는 사람이 없다.

싸움이 막 시작되었는지 구경꾼은 그리 많지는 않았고 날아오는 벽돌을 의식한 듯 모두가 멀찌감치 구경을 하고 있었지만, 우리는 마침 벽돌짝에 한 번 맞았던 것을 구실(?)로 한 번만 더 던져보란 심산으로 비교적 가까이에서 구경을 할 수 있는 특권을 가진 셈이 되었다.

우리가 차에서 내릴 때쯤에는 부인은 벽돌무더기를 배경으로 무서운 기세로 마당에 서고 남편은 부인이 던지는 벽돌을 피해 도망 다니다가 부엌으로 들어가서는 바가지에 뜨거운 물을 퍼들고 가까이 오지 못하도록 견제를 하고 있었다. 좀 지나서는 부인이 벽돌을 두어 개 연속으로 던지자 남편은 잠시 피했다가 다시 바가지로 물을 퍼붓고서는 바로 부엌으로 들어가서 물을 퍼들고…. 이런 식으로 약 5분여 동안을 반복하더니 뜨거운 물이 다 떨어져 버렸는지 남편은 다른 곳으로 죽자 살자 도망을 가버렸다.

며칠이 지나서 우연하게도 필자의 개인 용무로 다시 그 길을 지나갈 기회가 생겼다. 그 날은 우리 회사 아줌마 운전기사와 같이 가면서 그 동네 가까이에 다다랐을 무렵에 슬그머니 중국 아줌마들 왜 그리 무섭냐고 마치 우리 기사를 빗대듯이 며칠 전의 그 사건 얘기를 꺼내보았다. 그랬더니 이 아줌마가 갑자기 차를 급정거시키는 것이 아닌가. 순간 "내가 무슨 잘못이라도?" 하는 생각에 바짝 긴장을 하고 있는데 기사가 하는 말이 "지난번에 말한 양꼬치 맛있는 집이 바로 이 동네"라는 것이다.

기사는 필자가 평소에 누구와도 잘 어울려서 중국의 특이한 음식을 자주 즐긴다는 것을 알고 있었고 마침 기사도 배가 좀 출출한 모양이었다. 시간도 그리 급하지 않았고 얼마 전에 맛있는 집이라고 소개까지 해주었던 터라 그대로 지나가자고 할 핑계를 찾을 수가 없었다. 내려보니 부부싸움이 벌어졌던 집에서 몇 집 건너에 있는 조그만 식당이있다. 역시 밋은 있었다. 주인장한테 맛있다고 기분을 돋우어 주면서 다시 그 집 부부싸움 얘기를 이번엔 기사가 꺼냈다. 주인장이 하는 말에 의하면 그 집은 1주일에 한 번꼴로 벽돌이 날아다닌다고 한다. 지금은 쓸모없는 벽돌인데도 남편이 치우기라도 하면 다시 난리가 난다고 한다. 언제 또 자신에게 날아올지

모르는 벽돌 무더기를 눈만 뜨면 쳐다보며 살아야 하는 남편 처지
가 참으로 안타까웠다.

좀 오래 전의 일이다. 필자가 한동안 가라오케 제품에 관련된 업
체를 도와 잠시 MIDI음악을 만드는 업무를 하면서 알게 된 중국
여자가수가 있었다. 그 당시만 해도 그녀의 나이는 이미 30대 후반
이었고 그리 인기가수도 아니었던 관계로 유명한 사람은 아니었
다. 그녀의 남편은 경찰계통에서 제법 높은 위치에 있었고 필자와
도 역시 잘 아는 사이였다. 그 집에서 필자를 포함하여 다른 몇몇
친구들이 초대받아 식사를 할 기회가 몇 번 있었는데 주로 초대를
하는 사람은 부인이었고 주방에서 음식 준비는 남편이 도맡아 했
다. 나중에 알았지만 일단 부인이 손님을 초대하게 되면 그 날은
특별히 중요한 약속이 있지 않은 한 남편은 일찍 집에 와서 미리
음식 준비를 하는 것이 당연한 일로 되어 있었던 것이다.

우리가 집에 도착하면 남편이 음식을 다 준비할 때까지 부인은
늘 손님과 함께 소파에 앉아 얘기를 나눈다. 평소 부인의 모습은
예의바르고 성격도 매우 온화한 편이었다. 그리고 남편은 직무와
걸맞게 매우 무섭게 생긴 편인데 집에서 보는 남편은 그렇게 온순
해 보일 수가 없었다. 중국에서는 일반적인 현상이려니 하면서 방
문할 때마다 별 의식을 하지는 않았다.

그런데 한번은 남자들끼리 밖에서 만나 식사할 기회가 있었다. 일부 먼저 온 사람들이 음식을 다 시켜놓고 기다리고 있는데 좀 늦게 헐레벌떡 도착한 남편은 바로 식당 카운터로 가더니 또 음식을 시키는 것이었다. 필자가 만류해도 막무가내로 빨리 해달라고 재촉하는 것이었다. 얼마쯤 지나서 우리가 주문한 것보다 남편이 주문한 음식이 먼저 나왔고 그 음식들은 도시락에 담겨 나왔다. 그러자 남편이 도시락을 들고서 밖으로 뛰쳐나가기에 옆 사람에게 왜 저러냐고 물어보고서야 그 이유를 알게 되었다.

그 도시락은 부인용이었던 것이다. 평소 남편은 업무관계로 멀리 출장 가는 일 외에는 약속을 하더라도 늘 집 근처 식당에서 만나자고 하고 항상 부인에게 도시락을 먼저 갖다 주고 나서야 그 후 몇 시간 정도는 자유의 몸이 된다고 했다. 그 집 역시 부부싸움이 매우 자주 일어나는데 싸움할 때 밖에까지 들리는 것은 오직 부인 소리만이라고 했다. 그 집 부부의 내용은 이미 필자를 제외한 다른 친구들은 다 알고 있었던 것이다. 체질적으로 배가 나온(?) 남편이 늘 못마땅했던 것이다. 몇 년이 지난 후에 들리는 소문에 의하면 결국 그 부인은 다른 남자친구를 사귀고 남편과는 헤어졌다는 말을 들었다.

필자가 알고 있는 사람들 중에서 이와 비슷한 처지에 있는 경우가 많다. 부인이 집에 늦게 들어온 남편 머리를 맥주병으로 내리쳐

서 정수리 부분이 찢어지는 바람에 한동안 모자를 쓰고 다닌 친구
도 있다. 또 건설회사에 다니는 친구 하나는 여러 명의 미인들을
거느리고 공직자를 상대로 미인계를 이용한 로비를 전문으로 했었
는데, 어느 날 부정한 짓을 하다가 부인한테 들킨 후에 어느 날 엎
드려 자는데 부인이 큰 칼로 남편 등짝을 내리찍어 갈비뼈를 크게
다친 경우도 있다. 그 친구한테는 나중에 필자가 직접 물어보았다.
왜 이혼을 하지 않느냐고? 그랬더니 그 친구 하는 말 "당신 같으면
할 수 있겠느냐?"라고 반문을 했다. 더 큰일을 당할까봐 무서워서
못한다는 말이었다.

　중국인들은 결혼하기 전 사귈 때부터 여성우위의 현상들을 자주
볼 수 있지만 결혼을 하여 뱃속에 아기가 들어서면서부터는 부인
이 대단한 권력을 행사한다. 대형 마트나 시장 같은 데서 배가 부
른 부인 뒤에 하인처럼 붙어 다니는 남편이 짐수레를 끌고서 계산
대 앞에 줄을 좀 잘못 섰다고 여러 사람 앞에서 심하게 꾸중을 듣
기도 하고 어쩌다 남편이 산 물건이 다른 데보다 비싸다고 하여 역
시 호되게 당하는 모습을 여러 번 보았다. 하나밖에 없는 아이가
시장바닥에 뒹굴며 떼를 쓸 때면 이를 제압할 수 있는 사람은 오직
엄마뿐이다. 중국 가정의 최고의 권좌에는 대부분 젊은 부인이 앉
게 되고 그 다음 소위 "소황제(小皇帝, 샤오황디)"라 불리는 아이가
있고 또 그 다음은 아이의 (외)할머니, (외)할아버지 순이고 마지막
이 남편이 자리하게 되는 셈이다.

'소황제'를 돌보는
어머니와 할아버지

'소황제'들의
천국

　　오래 전에 우리나라에서는 "간 큰 남자" 시리즈가 인기를 끈 적이
있다. 이제는 여성들의 지위도 많이 상승했음을 역설적으로 표현하
여 웃음을 자아내게 했던 말들이었다. 이를 굳이 중국에도 접목을

해본다면 "간 큰 여자" 시리즈가 나옴직도 하다는 생각이 든다.

지금까지의 사례들은 물론 좀 특별한 경우들이기는 하지만 부부싸움은 중국 여성들의 가정 내 지위나 의식을 가늠해 볼 수 있는 가장 쉬운 방법이기에 소개를 한 것이다. 실제로 언론에서도 자주 보도되지만 중국의 부부싸움에서 매 맞는 쪽은 부인이 70%, 남편이 30%라고 한다. 매 맞는 남편이 30%란 것은 단순 비율로만 볼 때는 부인보다 상대적으로 낮지만 결코 낮다고 볼 것은 아니다. 남편측이든 부인측이든 이미 매를 휘두를 정도면 거의 이성을 잃은 상태일 것이므로 당연히 힘이 약한 부인이 당할 확률이 높을 것이다. 그럼에도 불구하고 육탄전에서 부인이 이긴 경우가 30%나 된다고 하는 것은 중국여성들에게는 매보다 무서운 기세(?)가 있음을 짐작할 수 있으며, 또한 평소 일반적인 부부 싸움에서 야단을 맞는 일은 대부분이 남편 차지라는 것은 쉽게 상상이 될 것이다.

중국인의 해외여행

　세계 관광기구(OMT)의 전망에 의하면 중국의 해외 여행객 수가 2002년 1660만 명이었으나 2020년이 되면 1억 명으로 늘어나고 중국으로 들어오는 순수 외국인 여행자(홍콩, 마카오, 대만인 제외) 수도 약 1억3천만 명으로 세계 3위의 여행대국이 될 것이라 했다. 한국인의 경우 2005년 한 해 동안 약 350만 명이 중국으로 여행하여 하루에 1만 명이 중국을 찾은 셈이고 중국인은 약 50만 명이 한국을 찾아 1주일에 1만 명꼴이 된다. 다시 말하면 아직은 한국인 7명이 중국으로 기야 중국인 1명이 한국으로 여행을 오고 있는 실정이다. 하지만 중국의 경제발전 속도와 인구수를 감안하고 중국인 여행객에 대비한 우리나라의 관광산업 정책이 제대로만 성공을 거둔다면 이러한 비율은 어느 순간에 뒤바뀔지 모를 일이다. 그리고 2005년도에 "제2회 중국 국제여행 포럼"에서 발표된 바에 의하면 전년도에 해외여행을 하고 돌아온 중국인 한 사람당 해외쇼핑 지출이 평균 987달러(USD)로서 세계 최고의 수준이라고 한다.

우리나라의 경우 공항이나 곳곳의 교통 표지판이 언제부터인가 중국인 여행자들을 위한 중문 안내문으로 표기될 만큼 벌써 어느 정도의 변화된 모습은 보이고 있지만 이 정도로는 턱없이 부족한 느낌이 든다. 한국을 방문한 적이 있는 대다수의 중국인들은 한결같이 그들의 입맛에 맞는 음식을 찾을 수가 없고 음식값도 너무 비싸다고 한다. 게다가 관광 서비스 업종에 종사하는 사람들 중 중국어 구사가 가능한 사람이 턱없이 부족하여 다른 나라의 관광객에 비하여 불편의 정도가 심하다고 한다.

이렇듯 가장 가까이에 위치한 중국의 거대한 여행 잠재고객들의 발길을 우리나라로 돌리게 하기 위해서는 정책 당국이나 관광업계의 각고의 노력이 요구되는 시점이고 그들이 마음놓고 찾을 수 있도록 요식업계와 쇼핑업계의 적극적인 대비 역시 절실히 필요한 때라고 생각된다.

최근에 보도된 자료에 의하면 중국 해외여행객들의 주요 쇼핑품목이 의류-화장품-제과-보석/시계-기념품-기타 순으로 나타났다. 특히 1위와 2위 품목인 의류와 화장품에 대해서는 한류의 영향과 함께 중국에서 생활하는 한국 여성들의 미모 덕으로 한국제품의 우수성이 잘 알려진 품목들이다. 필자가 자주 접하게 되는 중국인들이 흔히 "한국 여성들은 어쩌면 하나같이 모두 미인들이냐?"고 물어올 때마다 필자는 겸손의 말로 "아마 화장발이 아니겠느냐(?)"고 했던 것이 어쩌면 잘 대답한 것인지도 모르겠다. 앞으로 한국을 방문하는 중국 여행객들이 해마다 급증할 터인데 그들이 돌아갈 때 보따리마다에는 한국의 멋, 한국의 미가 가득 담겨 있었으면 좋겠다.

중국인의 도박열풍 

지금까지 중국인들의 해외 여행지로는 약 80%가 가까운 동아시아 지역이며, 이들 중 상당수가 주변국의 카지노 사업장을 찾는 것으로 나타났다. 또한 중국에 인접한 대부분의 동아시아 국가들이 이미 카지노 영업을 하고 있거나 최근에 새로이 허가하여 중국고객 유치에 혈안이 되어 있다고 한다. 1999년에 포르투갈 지배에서 중국으로 귀속된 마카오를 포함하여 베트남, 한국, 러시아, 미얀마 등이 카지노 사업에 열을 올리고 있으며 최근까지 카지노 사업을 도박으로 분류하여 법적으로 규제를 하여 오던 싱가포르의 경우도 2008년 개장 목표로 센토사 섬에 대규모 카지노 리조트를 건설하고 있고 태국 역시 대표적인 휴양지인 푸켓에 카지노 사업장을 건설하여 곧 개장을 앞두고 있다고 한다. 이처럼 중국을 둘러싼 대부분의 국가들이 카지노사업을 경쟁적으로 추진하는 가장 큰 요인이 바로 유난히도 도박을 즐기는 중국 사람들을 겨냥한 것이다.

중국에서는 도박을 업으로 살아가는 전문 도박꾼도 수를 헤아릴 수 없을 정도로 많고 급속한 경제발전으로 새로 태어난 신흥 부자들은 물론이려니와 고위 공직자가 공금을 편취하여 도박원정을 즐기다가 엄청난 금액을 모두 날려버리는 사건들이 속속 드러나고 있다. 이러한 사회적인 병폐로 인하여 중국 정부에서는 2004년 하반기부터 대대적인 단속을 하게 되자 북한의 나진선봉이나 베트남과 미얀마의 여러 도박장이 문을 닫거나 영업중단을 하게 되는 현상까지 나타나게 되었다. 이러한 것만 보아도 카지노 사업에 있어서는 중국인들의 영향이 어느 정도인지 알 수 있다. 그리고 중국 정부의 단속만으로는 중국인들의 만성적인 도박열풍 자체를 잠재우기에는 한계가 있다. 단속의 힘이 잠시만 느슨해지면 해외 원정 도박은 또다시 살아나고, 단속이 강화되면 중국인들이 단속을 피해 비교적 쉽게 방문할 수 있는 러시아의 블라디보스토크 도박장이 다시 활황을 맞는다고 하니 중국인들의 도박에 대한 집착 또한 가히 짐작할 만하다.

이런 현상은 중국 국내에서도 마찬가지다. 도박에 대해서는 정부에서 법적으로 강력히 단속을 하고 있음에도 불구하고 마약처럼 번져가는 열기는 잡을 수가 없는 모양이다. 작게는 한 점에 인민폐로 1마오(角)에서부터 크게는 몇백 위엔(元)에 이르기까지 일반 서민들이 즐기는 도박판도 곳곳에서 볼 수 있다. 소액 도박판은 동네 어귀 나무그늘 아래서나 시장 노점판 옆에서도 흔히 볼 수 있고 지나가는 일반 시민들이나 심지어는 공안(경찰)의 눈에 뜨일 만한 길거리 가게 안에서도 흔히 벌어지고 있다. 필자가 알고 있는 몇몇 중국인 친구들도 만날 때마다 전날 밤에 벌어졌던 도박판 얘기를 할 정도로 주변에서 자주 듣게 된다. 확인된 바는 아니지만 중국에서는 배를 이용한 전문 해상 도박판이 있다는 얘기까지 가끔 회자되는 것을 보면 이는 어느 영화에서나 봄직한 현상이 아닌가 싶다.

중국생활 마음먹기 3^장

중국생활의 기초상식 

1. 화 폐

중국 인민폐(人民幣, Renminbi, RMB) 단위는 '위엔(元, 원)', '쟈오(角, 각)', '펀(分, 분)'으로 분류되고 1元은 10角, 1角은 10分이다. 그러나 元, 角는 공식적인 문어체로 사용되며 일반적인 실생활에서 구어체로 사용할 때는 주로 위엔(元, 원) 대신 '콰이(塊)', 쟈오(角, 각) 대신 '마오(毛)'로 사용한다. 펀(分, 분)은 문어체와 구어체 구분 없이 사용하며 워낙 소액단위라서 실제 사용할 일은 거의 없다.

금액 단위별 종류로는 쟈오(角, 각) 단위에는 1쟈오, 2쟈오, 5쟈오가 있으며, 위엔(元, 원) 단위에서는 1위엔, 2위엔, 5위엔, 10위엔, 20위엔, 50위엔, 100위엔이 있다. 동전은 위엔(元, 원) 단위에서는 1위엔이 있고 그 아래 단위인 쟈오(角, 각)'와 '펀(分, 분)'은 모두 동전이 있으며 남방으로 갈수록 동전을 많이 사용하는 편이지만 북방은 남방에 비해 적게 사용한다.

2. 전 원

중국의 사용전압과 주파수는 220V, 50Hz로서 전압은 우리나라와 같고 주파수가 우리나라가 60Hz인 반면 중국은 50Hz로 조금 차이가 난다. 따라서 우리나라에서 사용하던 전기/전자 제품을 중국에서 사용하고자 하는 경우에 60Hz/50Hz 겸용은 전혀 문제가 되지 않고 60Hz 전용이라 하더라도 일반적으로는 큰 문제는 없다. 그러나 냉장고나 선풍기 등 모터를 사용하는 제품은 간혹 고장의 원인이 될 수도 있으므로 가급적이면 현지에서 구입하여 사용하는 것이 좋다. 기타 일반 전자제품의 경우는 문제가 되지 않는다.

전기사용 방법에 있어서 산업용이나 사무실용 그리고 도시나 농촌의 단독주택 같은 경우는 전기요금 후불제를 채택하고 있지만 도시지역의 아파트는 주로 선불카드 방식을 취하고 있다. 선불카드 방식은 전기 충전용 IC카드를 갖고 은행이나 전업국(電業局)에 가서 전기를 구입(충전)한 다음 계량기에 일체형으로 붙어 있는 카드리더(Card Reader)에 카드를 꽂아 놓고 약 3~5초 정도 기다리면 구입한 만큼의 전기(전력)가 입력되면서 원래 남아 있던 전기와 새로 구입한 전기가 합산되어 몇 초 동안 숫자가 깜빡거리며 나타났다가 다시 사라진다. 이렇게 되면 입력이 완료된 것이며 혹 사용도중에 남아 있는 전기를 확인하고자 할 때는 다시 카드를 카드리더에 꽂으면 계량기에 붉은색으로 숫자가 나타난다. 그리고 마지막 남은 전기가 일반적으로 150kW(지방에 따라 조금씩 차이는 있다)가 되었을 때부터는 자동으로 붉은색 숫자가 나타나는데 이는 남은 전기가 고갈되기 전에 추가 구입을 해서 입력하라는 의미이다.

따라서 평소에 남은 전기를 체크하지 않고 있다가 간혹 밤늦게 집에 들어왔을 때 갑자기 전등이 켜지지 않아 고생을 하는 사례가 흔히 있기 때문에 특히 주의를 할 필요가 있다. 그리고 장기간 집을 비우게 되는 경우에도 미리 충분한 전기를 준비해 놓지 않았다가 전기가 끊어져 냉장고의 냉동실에 들어있던 음식이 모두 부패해 버리는 경우가 있으므로 미리 충분한 전기를 입력시켜 놓는 것이 안전하다.

중국에서 사용하는 플러그(plug)는 A형, I형, G형을 표준으로 하고 있으나 실제 주로 사용하는 플러그는 이 외에도 C형 등 다양한 형태로 사용할 수 있도록 콘센트(concent)가 복합형으로 되어 있다. 따라서 우리가 일반적으로 사용하는 플러그 타입은 거의 다 그대로 사용할 수 있다.

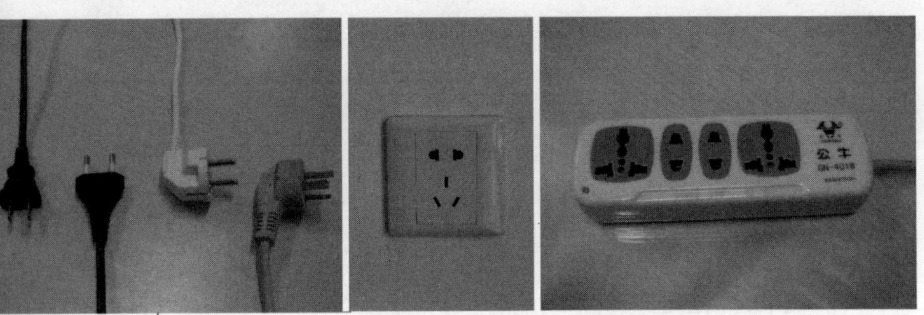

중국에서 주로 사용하는 플러그의 종류, 멀티 콘센트, 다용도 멀티탭

3. 연 료

도시지역의 고층아파트에서 사용하는 연료는 한국과 같이 주로 LN가스(LNG)를 사용하며 요금 지불방식은 전기의 경우와 마찬가지로 선불카드방식이다. 역시 IC 카드를 갖고 은행에 가서 가스를 구입(충전)하여 가스 계량기에 붙어 있는 카드리더(card reader)에 삽입하면 입력이 된다. 그러나 도시지역의 저층아파트나 단독주택, 그리고 농촌지역의 단독주택의 경우는 대부분 LN가스가 들어오지 않아서 충전방식의 LP가스(LPG)나 연탄을 많이 사용한다. 특히 농촌지역의 경우에 있어서는 LP가스 이외에 연탄/석탄 혹은 나무를 연료로 사용하기도 한다.

4. 생활용수

　도시지역 생활용수는 밥을 짓거나 탕을 요리하거나 차를 끓일 때처럼 열을 가하는 경우는 수돗물을 그대로 사용하지만 끓이지 않고 생수로 마시는 경우는 수돗물을 마시는 경우가 많지 않다. 소득수준이 낮은 계층에서는 수돗물을 그대로 마시는 경우가 있기는 하지만 대부분은 끓여서 차로 마시거나 용기에 담아 판매하는 순정수(정수기를 통과한 물)나 광천수를 마신다.

　농촌지역의 경우는 주로 우물(well)을 이용하며 과거에는 수동으로 물을 퍼올려 사용하였으나 최근 들어서는 각 가정별 혹은 집체단위의 공동 우물이나 관정(管井, tube well)의 물을 전기모터펌프로 퍼올려 직접 필요한 장소까지 수도관으로 끌어와 사용하는 경우가 대부분이다. 농촌 역시 마시는 물로는 주로 차를 끓여서 마시지만 수질이 깨끗한 지역에서는 그대로 마시기도 한다. 조선족들이 살고 있는 농촌은 대부분 수질이 좋다는 원인도 있지만 습관적으로도 생수로 많이 마신다.

5. 전자제품

　중국은 전자, 통신, 방송, 정밀기계 등 첨단 장비들은 대부분이 유럽형 방식을 주로 지향하고 있는 관계로 VCR이나 TV송수신 방식에 있어서 우리나라가 NTSC 방식(미국방식)인 반면에 중국은 PAL 방식(유럽방식)이다. 따라서 우리나라에서 구입한 VCR이나 TV를 중국에 가져가봐야 사용할 수 없다. 특히 VCR의 경우는 90년대 중반에 가정 보급률이 약 3%정도 될 때에 우리나라 LG전자(그 당시는 "금성사"였음)가 광디스크 방식인 VCD 플레이어를 개발하여 중국시장에서 크게 히트를 치면서부터 중국의 VCR은 제대로 보급도 안 된 상태에서 서서히 사라져 버리고 지금은 거의 찾아볼 수가 없을 정도다. 지금은 VCD 플레이어도 거의 사라지고 그 상위 등급인 DVD 플레이어가 대중을 이루고 있으며 영상/음반 판매점에서 판매하는 영상관련 매체는 거의가 DVD이다.

휴대폰 역시 유럽표준인 GSM방식을 가장 많이 사용하며 다음으로는 CDMA방식, 그리고 통화요금이 가장 저렴한 것으로서 일본 PHS와 동일한 서비스방식인 샤오링퉁(小靈通)도 많이 사용하고 있다.

6. 전화 사용법

중국에서 전화를 사용하는 방법은 매우 다양하다. 일반 가정이나 호텔 그리고 개인 휴대폰은 물론 길거리 공중전화도 매우 많은 편이다. 도시지역의 주요 대로변에는 공중전화 박스가 있고 공공장소나 동네 골목길에 있는 소매점 같은 곳에도 전화기 몇 대를 설치해 놓고 사용시간을 재어서 비용을 받는 형태의 공중전화도 매우 많다. 공중전화가 있는 곳은 대부분 "公用電話(꿍융땐화)"라는 간판이 붙어 있으며 특히 장거리 전화(시외전화)가 가능한 곳은 "長途電話(창투땐화)"라는 간판이 별도로 부착되어 있다. 시외전화를

장거리 전화

북경시내
공중전화 박스

거는 방법은 우리나라와 같은 방식으로서 시외(0)＋지역(××)＋전화번호 순으로 누르면 된다. 예를 들어 다른 지역에서 상해로 전화할 경우 시외를 의미하는 "0"을 먼저 누르고, 다음은 상해지역번호인 "21"을, 그 다음에는 연결하고자 하는 전화번호를 누르면 된다. 중국에서 국제전화를 하는 방법은 해외(00)＋국가번호(××)＋지역(××)＋전화번호 순으로 누르면 된다. 예를 들어 중국에서 한국 서울로 전화를 할 경우 우선 해외를 뜻하는 "00"을 먼저 누르고, 다음으로 한국 국가번호 "82", 서울 "2", 전화번호 순으로 누르면 된다.

특히 한국으로 전화를 할 경우에 있어서 한국 교환원 연결이나

각종 전화카드
판매

자동 콜렉트 콜(Collect Call), 즉 수신자가 부담하는 방식으로 전화를 하는 것도 매우 편리한 방법이다. 어떤 전화를 사용하든지 간에 KT는 "108821" 그리고 DACOM은 "108826"을 누르기만 하면 즉시 한국말 메시지가 나오므로 그 메시지에 따라서 누르면 손쉽게 통화를 할 수 있다.

중국에 장기 체류하는 경우는 대부분의 사람들이 휴대폰을 갖고 있기 때문에 통화의 불편은 느끼지 않지만 국제전화의 경우는 비싸기 때문에 "IP 카드"를 구매하여 사용하는 것도 비용을 줄일 수 있는 방법이 될 것이다.

7. 교통편 이해

중국에서는 자동차를 "기차" 즉 중국말로 "치처(汽車)"라고 하며, 우리가 말하는 기차는 "화차" 즉 중국말로 "후오처(火車)"라고 한다. 그리고 비행기는 "페이지(飛機)", 배는 "촨(船)"이라고 한다.

자동차 종류에 있어서 택시는 "추주치처(出租汽車)", 시내버스는 "꿍꿍치처(公共汽車), 시외버스와 고속버스는 "창투치처(長途汽車)라고 한다. 그리고 트럭과 같은 화물차는 후오처(貨車)로서 발음으로 보면 기차를 의미하는 "후오처(火車)"와 같지만 글자가 다르고 또한 중국말의 특징인 성조(4성)가 다르므로 주의해서 발음해야 한다. 참고로 후오처(火車)의 "후오(火)"는 "∨"자 형태의 3성으로 발음하며 후오처(貨車)의 "후오(貨)"는 "＼"기호와 같이 4성으로 발음하면 된다. 그리고 뒤의 "처(車)"는 "－"기호와 같은 1성으로 발음한다.

그리고 중국에는 어느 지역을 가든지 쉽게 볼 수 있을 정도로 많은 특이한 교통수단으로 "싼룬처(3륜차)"가 있다. 통칭으로 "싼룬처"라고 하지만 좀더 세분하여 구분한다면 앞부분이 자전거와 같은 형태로서 사람의 힘으로 움직이는 인력거 즉 "런리처(人力車)"가 있고 오토

북경시내 3륜차들

바이와 같은 발전기의 힘을 이용한 싼룬처는 별칭으로 "머띠(摩的)"라고도 한다. 머띠는 실제 오토바이를 개조하여 만든 것도 있고 전문 자동차 회사에서 정상적으로 디자인하여 생산된 차도 있으며 그 종류도 매우 다양하다. 싼룬처는 원래 장애인, 즉 중국말로 "찬지런(殘疾人)"을 위하여 생겨난 것이어서 과거에는 "찬지처(殘疾車)"라고 하던 것을 지금은 다른 용도로 변질되어 정상인들의 교통수단 혹은 간단한 운송수단으로 사용하게 된 것이다. 번호판이 있는 것은 합법적으로 등록된 것이나 번호판이 없는 것은 등록이 안 된 불법차량이다. 자전거는 중국에서 "즈싱처(自行車)"라고 하며 이 역시 얼마 전까지만 해도 해당기관에 등록을 하고 매년 4위엔 정도의 세금을 내도록 되어 있었으나 최근에 없어졌다.

또 한 가지 우리나라와 큰 차이가 있다면 중국에는 어디를 가든 "헤이처(黑車)" 즉 개인 자가용으로 불법 영업을 하는 일명 "나라시"와 같은 차가 매우 많다는 것이다. 북경시의 경우 택시가 6만7천 대인 데 비하여 헤이처는 8만 대로서 택시보다 더 많이 활개를 치고 다닌다. 상해에는 택시가 4만 대이고 헤이처가 1만5천 대, 천진은 택시가 약 3민 대이고 헤이처가 약 2만 대, 광주시내의 택시는 약 2만 대이나 헤이처는 약 1만 대, 사천성 성도의 경우는 택시가 약 8천5백 대이며 헤이처가 약2천 대 정도라고 한다.

시내버스나 시외버스 혹은 고속버스 등은 대부분 우리나라와 같다고 보면 되나 일부 독특한 면이 있다면 특히 시내버스 중에서 소

형버스나 2중 버스, 그리고 아직도 전차(전기를 이용한 버스)가 운행
되고 있다는 것이 우리나라와 다른 특징이다.

　다음으로 기차, 즉 후오처(火車)에 대해서도 알아두면 편리한 몇
가지 상식이 있다. 우선 원거리를 운행하는 기차의 종류로서는 가
장 빠른 특급열차에 해당하는 "터콰이(特快)", 특급보다는 정차역
이 좀더 많은 것으로 급행열차에 해당하는 "즈콰이(直快)", 모든 역
마다 정차하는 보통열차를 "푸콰이(普快)"라고 한다. 그리고 근거
리를 운행하는 기차 중에서 주요 대도시와 위성도시 간에 운행하

아파트 앞 도로에 택시(아파트 정문 왼쪽)와 헤이처(아파트 정문 오른쪽)가 각각 줄을 서
서 손님을 기다리고 있는 모습

는 열차로서 특별한 역을 제외하고는 정차하지 않고 직통으로 운행하는 "청지콰이처(城際快車)" 혹은 "뤼여우콰이처(旅游快車)"가 있으며, 이보다 좀더 짧은 거리를 운행하는 것으로서 주로 주요 도시와 가까운 교외지역까지 운행하는 것을 "청티에(城鐵)" 혹은 경

북경 시내 전차

길거리의
자전거 수리상

전철을 의미하는 것으로 "칭궤이(經軌)"가 있다.

그리고 침대차와 좌석으로 크게 구분되는데 침대차 중에서도 쿠션이 있는 부드러운 침대와 기타 냉난방시스템 등이 비교적 잘 되어 있는 고급 침대차를 "루안워(軟臥, 연와)"라고 하여 보통 앞뒤 2층으로 되어 있어서 한 칸에 4명이 들어간다. 그리고 이보다 좀 못한 침대차를 "잉워(硬臥, 경와)"라고 하여 주로 앞뒤에 3단으로 되어 있어서 한 칸에 6명이 들어간다. 좌석 역시 부드러운 쿠션이 있는 고급좌석을 "루안쭈오(軟座, 연좌), 딱딱한 좌석을 "잉쭈오(硬座, 경좌)"라고 하며 요금도 서로 다르다. 특기할 사항으로는 침대차나 좌석이나 남녀 구분을 하지 않고 표를 판매하기 때문에 특히 여성들이 침대차를 탈 때에는 남자들과 같은 칸에서 동침(?)을 해야 하는 경우가 허다하기 때문에 불편을 감수할 각오를 해야 한다는 것이다. 장거리 기차에는 거의 대부분 식당차가 있으며 식당차는 중국말로 "찬처(餐車)"라고 한다.

8. 은행계좌 개설

외국인 신분으로 은행에 가서 개인용 계좌 개설을 하려고 할 경우는 여권만 있으면 가능하다. 기본적인 절차로서는 은행에 가서 '은행계좌 신청서(銀行開戶申請書)' 양식에 요구되는 내용을 기입하고 여권과 일정금액(10위엔 이상)을 함께 제시하면 된다. 만약 인터

넷 뱅킹이 가능하도록 하자면 별도 신청서에 역시 해당 내용을 기입하여 제출하면 된다. 요즘은 과거와는 달리 은행마다 멀티 계좌가 가능하기 때문에 멀티 계좌를 개설해 놓으면 미국 달러, 홍콩 달러, 유로화, 일본 엔화 등 여러 국가의 화폐를 하나의 계좌에 입출금이 가능하여 매우 편리하다. 그리고 대부분의 공공장소나 은행마다 현금자동인출기가 설치되어 있기 때문에 계좌 개설시 '현금카드'도 함께 신청하여 만들어 놓으면 은행 업무를 보지 않는 때에 긴요하게 사용할 수 있다. 신용카드 발급은 은행마다 조건이 조금씩 다르지만 대체적으로 재산증명과 소득증명이 있으면 가능하지만 사용하는 데 있어서는 아직도 백화점이나 고급식당 등 한정적이고 대중적으로 활성화되지는 않은 실정이다.

9. 편지봉투 쓰는 법

중국은 편지봉투 쓰는 법이 우리나라와 달라서 처음 중국에서 생활하는 사람들이 실수를 많이 하는 것 중의 하나다.

우리나라는 국내우편이든 국제우편이든 똑같이 왼쪽 상단에 "보내는 사람" 그리고 오른쪽 하단에 "받는 사람"의 이름과 주소 그리고 우편번호를 적는다. 그러나 중국에서는 국제우편의 경우는 우리와 같지만 국내우편의 경우는 그 위치가 반대로서 왼쪽 상단에 "받는 사람"을 오른쪽 하단에 "보내는 사람"을 작성해야 한다.

10. 통행 관습

한국에서 길을 통행할 때는 "차는 우측통행, 사람은 좌측통행"이
다. 그러나 중국은 "차도 우측통행, 사람도 우측통행"으로 모두가
다 우측통행을 규범으로 하고 있다. 중국에서 사람들이 많이 몰리
는 대형슈퍼 같은 데서 층계를 오르내릴 때 한국에서의 습관대로
좌측통행을 하다 보면 흔히 마주보고 오는 사람과 부닥치게 된다.

11. 화장실 문화

중국을 처음 여행하거나 중국에서 살고 있더라도 비교적 오랜
생활을 하지 않은 사람들은 중국의 화장실 문화에 대해서는 이미
들은 바가 있어서 어렴풋이는 알고 있겠지만 실제로 얼마나 열악

칸막이나 문이
전혀 없는 화장실

칸막이만 있고 문
이 없는 화장실

한지는 잘 모른다. 평소의 생활공간이 주로 도심지역이고 도심을
좀 벗어나더라도 중국의 서민들이 사는 지역에는 가볼 기회가 거
의 없다보니 특별히 신경을 쓰지 않게 된다.

그렇지만 우연한 기회에 특정지역으로 여행을 가거나 중소도시
같은 곳을 가다 보면 화장실 문제로 아주 곤란을 겪는 경우가 발생
한다. 비교적 도시와 가까운 지역의 공장방문 시에도 마찬가지다.
호텔이나 기타 현대식 건물처럼 건물 내에 화장실이 있는 경우를
제외하고는 대부분이 공동화장실 형태이며 공동화장실은 거의 대
부분이 칸막이나 문도 없이 여러 사람이 일렬로 앉아서 볼일을 보
도록 되어 있다. 가끔은 칸막이는 있으나 문이 없는 형태, 혹은 문
까지는 달려 있으나 칸막이 높이가 워낙 낮아서 가까이 지나가면

속이 들여다보이는 구조도 더러 있다.

몇 해 전에 필자가 백두산(중국에서는 "장백산"이라고 함) 여행을 간 적이 있다. 연길에서 관광버스를 타고 백두산으로 가던 중 어느 시골의 조그만 행정소재지에서 휴식을 하게 되었다. 함께 동승을 한 사람들은 주로 한국 아주머니들이 많았던 관계로 여자화장실 앞에는 길게 줄을 서 있었다. 거기는 농촌지역이라 그런지 일반적인 공동화장실과는 달리 여자/남자 화장실이 각각 하나씩으로 된 구조였으며 남자화장실은 여자화장실을 지나서 가도록 되어 있었다. 필자도 화장실을 가기 위해서 줄을 서있는 아주머니들 옆을 지나가다가 한 가지 이해 못할 광경을 볼 수 있었다. 한 아주머니가 화장실에 양산을 갖고 들어갔다가 나올 때는 다음 사람에게 빌려주는 것이었다. 처음엔 의아한 마음이 들었지만 필자가 여자화장실을 돌아서 지나가는 순간에 그 이유를 알게 되었다. 여자 화장실의 벽은 판자로 못질이 되어 있었는데 판자와 판자 사이의 틈새가 판자 폭의 반이나 될 정도로 넓어 여자화장실 내부가 훤히 들여다보이는 구조였던 것이다. 다행히 어느 한분이 양산을 갖고 있었으니 망정이지 없었더라면 아주 곤란을 겪었을 것이다.

따라서 중국에서 잘 모르는 지역으로 여행을 할 때는 미리 상상의 폭을 넓혀 볼 필요가 있다. 여러 가지 일어날 수 있는 일을 가정하여 보고 충분한 사전 준비를 하여야 할 것이다.

중국의 교육제도와 유학 환경

1. 교육체계

중국의 교육제도는 기본적으로 한국과 동일한 6-3-3-4 제도이다. 소학교(초등학교)에서 초중학교(중학교) 과정까지 9년을 의무교육으로 하고 있다.

중등교육 단계에 있어서 특수학교를 제외하고는 대부분의 학생들이 초중학교(중학교)까지는 거의 동일한 교육을 받게 되며, 초중을 졸업하면서부터는 한국의 인문계 고등학교처럼 대학 진학을 목적으로 하는 고중학교(고등학교), 전문분야별 양성을 목적으로 하는 중등전업(실업계 고등학교) 그리고 주로 노무기술을 양성하는 직업학교 등 3가지 중 선택을 하여 진학한다. 고중학교에서 문과, 이과의 구분은 한국과 마찬가지로 고중 2학년부터 나누어진다.

고등교육 단계는 분야별 전문 교육을 담당하는 대학 과정으로서 역시 한국과 마찬가지로 전과(전문대학), 본과(4년제 대학, 대학교), 연구생(석, 박사) 과정으로 이루어져 있으며 기타 각종 성인교육기관이 매우 잘 발달되어 있다. 대학과정의 학교는 전국에 약 1200여 개가 있다. 평생교육과정의 성인대학교도 대학과정 학교의 반수가 넘는 700여 개가 있으며 성인들을 위한 기술훈련 학교는 약 50만 개에 달하여 다양한 기회를 제공하고 있다.

한국과 차이가 나는 특징으로는 유치원부터 대학까지 기숙사 제도를 운영하는 학교가 많아, 특히 유치원과 소학교에 다니는 어린 아이들의 경우 월요일부터 금요일까지는 부모와 떨어져 학교에서 생활하고 금요일 하교시에 집으로 돌아와 다음 월요일 등교시까지 주말을 부모와 함께 지내는 형태가 많다는 점이다. 이는 부부가 똑같이 노동을 하는 사회주의제도의 한 특징이기도 하다.

2. 학기제도

학기제도는 1학기를 8월말~9월부터 시작하고 2학기는 이듬해 2월말~3월에 시작하여 6월말~7월 초에 끝나는 것으로 우리나라와는 정반대의 형태를 취하고 있다. 따라서 중국으로 유학을 가는 경우는 한 학기 정도는 다니고자 하는 학교의 예비반에서 어학을 배

교육 단계	학교 구분		교육 기간	비　　고
취학전 교육	유치원		3~5세	소반, 중반, 대반
초등 교육	소학교		6년	초등학교. 의무교육
중등 교육	보통학교	초중학교	3년	중학교. 의무교육
		고중학교	3년	고등학교
	중등전업		3년	고등학교(전문/기술과정) 공업(공고), 농업(농고), 재무(상고), 사범, 체육, 예술, 임업, 의약, 법률, 정치, 관광, 요리 등
	직업학교		3년	고등학교(양성과정) 기술/기능 분야별 노무자 양성 교육
고등 교육	전과		2~3년	전문대학
	본과		4년	단과대학: 학원(學院) 종합대학: 대학(大學) *의학 등 특수학과는 5년
	연구생	석사연구생	2~3년	석사
		박사연구생	3년	박사
성인 교육	평생교육 과정			방송, 통신, 농민, 교육, 관리간부 등

*기타 : 축구학교, 예술학교, 무술학교. 기예학교 등 분야별 전문특수학교가 있음.

우거나 별도로 어학 연수과정에 들어가 어학을 익히고 난 다음에
학기 시작 2개월 전쯤부터 입학하고자 하는 학교에 등록수속을 하
면 된다.

3. 교육 단계별 현황

:: 교육 단계별 동향

(단위 : 만명)

지 표	2005년 모집생	2005년 재학생	2001~2005년 졸업생 누계	2005년 졸업생
연구생	37	98	60	19
일반 대학교	505	1,562	971	307
중등 직업+전업	647	1,559	1,919	403
일반 고중	878	2,409	2,391	662
초중	1,988	6,215	9,864	2,123
일반 소학교	1,672	10,864	11,171	2,020
특수교육	4.9	36	23	4.3
취학전 교육	1,356	2,179	5,470	1,025

4. 유학 환경

중국으로 유학 가는 연령은 취학 전 아동에서부터 대학이나 대학원 지망생 등 여러 단계에 걸쳐 있다. 유학을 가게 되는 동기 또한 스스로의 교육목적을 갖고 미리부터 충분한 준비를 한 상태에서 가는 경우도 있고 부모의 직장을 따라 갑작스레 가게 되는 경우도 많다. 어떠한 형태로 가든지 중국유학을 결정하기까지는 각자가 처해진 현재의 입장과 미래의 진로, 그리고 언제 다시 한국으로 되돌아가야 할지 모르는 불확실한 여건 등에 따라서 고려해야 할 사항들은 한둘이 아닐 것이다. 특히 학교선택에 있어서는 학생의 나이나 부모의 동반여부, 유학기간을 어느 정도로 생각하느냐와 대학진학을 중국에서 할 것인지 한국에서 할 것인지, 그리고 경제적인 여건 등은 충분히 고려하여 선택을 해야 할 것이다.

일반적으로 조기유학으로 분류되는 초, 중, 고등학교 유학의 경우에 있어서 중국에는 크게 3가지 형태의 학교를 들 수 있다. 미국, 영국, 캐나다, 싱가포르, 일본계 등 제3국의 국제학교가 있고, 한국인 중심의 한국국제학교, 그리고 중국학교가 있다. 제3국의 국제학교는 제각기 자국 언어를 중심으로 교육을 하며 중국어를 부가적으로 하게 된다. 커리큘럼도 마찬가지로 자국의 것을 따르게 되므로 예를 들어 미국국제학교에 들어가게 되는 경우는 미국식 교육에 중국어가 추가되는 형태가 된다.

제3국의 국제학교는 각국의 외국학생은 물론 부유 계층의 중국인(화교 포함) 학생들도 있어서 다양한 국가의 친구들을 사귈 수 있고 시설이 훌륭하고 관리체계가 잘 되어 있는 장점이 있다. 특히 조기유학은 중국에서 하더라도 대학을 진학할 때는 다른 영어권이나 일본 등으로 가고자 하는 경우라면 그에 해당하는 국가의 국제학교에 들어가는 것이 매우 유리할 것이다. 그러나 몇몇 국제학교를 제외하고 한국 학생들이 주로 선호하는 영어권 국제학교의 경우는 대부분 학비가 매우 비싸다. 학교에 따라서는 기부금 형태의 입학금이 2000달러(USD)에서 1만 달러까지 큰 차이를 보이고 있고 연간 학비 역시 1만~2만 달러로 매우 높아서 경제적인 부담을 잘 고려하여 선택해야 할 것이다.

영어권 국제학교의 경우는 입학을 하는 데 있어서도 언제든지 자유롭게 들어갈 수가 있는 것이 아니다. 대부분 철저한 정원제도를 운영하며 경우에 따라서는 출신 국가별 TO제도를 적용하기 때문에 예비신청을 미리 해놓고 결원이 생길 때까지 다른 학교를 다니며 기다려야 하는 경우가 많다. 이러다 보면 한창 민감한 나이대의 학생들은 친구 문제로 방황할 수도 있으며 동급 나이의 다른 학생들보다 학년을 늦추게 되어 나중에 또 다른 갈등의 원인이 될 수 있으므로 신중하게 고려해야 한다.

다음으로는 한국 국제학교에 입학하는 경우이다. 지금까지 전국에 걸쳐 약 7개의 한국 국제학교(북경, 천진, 연변, 연태, 상해, 대련, 홍콩 등)가 있으며 일반 다른 나라 국제학교와 유사하게 운영되고 있다. 주로 한국의 커리큘럼에 맞추어 공부를 하며 영어, 중국어 교육이 함께 편성되어 있어 부모나 학생이 중국 경험이 부족한 경우에는 문화적인 충격을 줄일 수 있는 좋은 방안이 될 수 있다. 부모가 중국 파견근무자여서 몇 년 정도 단기간 중국에서 공부하다가 다시 한국에 들어가야 하는 경우에 특히 권장할 만하며 더구나 남학생의 경우는 어차피 군대 문제와 연관하여 한국에서 대학을 다니는 것이 유리하다고 판단하는 경우는 중국에 체류하는 동안에도 한국 국제학교에서 한국 커리큘럼에 맞추어 공부를 하는 것이 더 나을 것이다. 한 가지 불리한 점이 있다면 대부분이 한국학생들만 다니기 때문에 제3국의 학생이나 중국학생과 어울릴 기회가 적은 관계로 영어와 같은 제3국 언어나 중국어를 익히는 데는 다른 국제학교나 중국학교에 비해서는 좀 불리하다. 입학금은 1회에 한하여 초, 중, 고등학교가 동일하게 1200달러이며, 연간 학비는 지역마다 다르긴 하지만 북경의 경우 초등학교 1800달러, 중학교가 2400달러이며 고등학교는 3000달러 정도 된다.

마지막으로 초, 중, 고등학교 과정을 중국학교에 입학하는 경우로서 이는 대학까지 중국에서 다닐 계획인 경우에 특히 유리하다. 중국의 명문대학에 진학하기 위해서 치르는 입학시험에는 중국의 "역사"나 "중국개황" 등의 과목이 포함되는 경우가 있기 때문에 이는 중국학교가 아니고서는 배울 수 없다. 대학에 들어가서도 전공과목을 이수하는 과정에 있어서 전공학과에 따라서는 국제학교에서 배우는 중국어 실력으로는 실제로 곤란을 겪는 경우가 많다. 학비에 있어서도 비록 중국학생들에 비하여는 몇 배로 높은 편이지만 대부분의 다른 3국 국제학교에 비해서는 상대적으로 낮은 편이어서 경제적 부담은 적은 편이다. 또한 중국학교는 선택할 수 있는 학교 수가 많아서 통학의 편리성이나 기숙사 제도, 학교별 교육 시스템과 운영형태, 학교의 명성이나 학습수준 등 다양한 여건을 고려해서 결정할 수 있다는 장점이 있다.

그러나 중국학교 입학의 경우 역시 문제가 없는 것은 아니다. 취학 전부터 중국에 살면서 어느 정도 중국어 실력을 갖추고 있는 경우라면 다르겠지만 처음 중국에 들어가서 바로 중국학교에 들어가는 경우는 중국어 능력 때문에 매우 고통스러울 수 있다. 중국어 능력 부족으로 정식 교과과정에 까지 영향을 미칠 수 있고 더구나 또 다른 외국어인 영어까지 부담으로 느낄 수 있기 때문에 성공적인 유학을 위해서는 학생의 성격이나 능력을 고려하여 매우 신중한 선택을 해야 할 것이다. 따라서 처음에는 한국 국제학교를 다니면서 개인교사를 두어 어느 정도 중국어 실력을 쌓은 후에 중국 학교로 들어가는 것도 하나의 방안이 될 수 있겠다.

중국의 초, 중, 고등학교는 외국학생들을 받아들이기 위하여 별도로 비준을 받아 "국제부"를 운영하는 곳도 있고 국제부 비준을 받지 않은 학교도 있다. 국제부가 있는 학교는 일반적으로 일류학교(중점학교)가 많으나 그렇다고 전부가 일류는 아니다. 그리고 국제부가 있는 학교라고 해서 외국학생이 들어갈 때에 꼭 국제부에만 들어가야 하는 것은 아니다. 중국어 실력이나 향후 진로를 감안하여 국제부에 들어갈 수도 있고 일반 중국학생들 반에도 들어갈

수 있다. 차이가 있다면 국제부는 중국생활에 익숙하지 않거나 중
국어 능력이 부족한 외국학생들만 별도로 모아 외국학생 전담 선
생님이 지도를 하고 중국어 능력 강화를 위한 어학코스를 운영하
고 있다는 것이 다르며 한편으로 중국학생들과 어울릴 수 있는 환

북경시 왕징에 있
는 중국학교(중·고
등학교)

한국 학생들이
다니는 중국학교
게시판

경 면에서는 역시 불리하다.

입학 요건은 학교마다 달라서 어떤 학교는 시험을 통과해야만 가능하고 어떤 학교는 지원만 하면 들어갈 수 있다. 학생의 부모가 중국에 거주하지 않는 경우에는 중국에 거주하고 있는 외국인 혹은 중국인을 학생의 보호자로 위탁하여야 한다. 그리고 교육의 질적인 면에서는 학교마다 차이는 있지만 일반적인 중국학교의 교육이 생각보다는 상당한 수준에 달해 있다고 평가되고 있으며 수학의 경우는 한국의 같은 학년에 비해서 오히려 높은 수준의 단계를 가르치고 있다고 한다.

5. 중국 유학에 관한 제언

지금까지 중국의 유학환경에 대하여 살펴보았지만 실제로 유학을 결정하고 학교선택을 하는 데 있어서는 워낙 경우의 수가 많은 관계로 부모는 부모대로, 학생은 학생대로 결론을 내리기가 쉽지 않을 것이다. 그렇지만 필자가 중국 생활을 하면서 좀 다른 각도에서 느낀 바에 의하면 한국 학생들이 씩씩하고 용감하고 똑똑하다는 것만은 자부할 만하다는 것이다. 비록 유학을 결정하기까지 어렵고 학교를 선택하는 과정이 복잡하지만 현재 중국에서 공부하고 있는 유학생 중 가장 많은 수가 한국 학생이고 주변 사람들의 자녀들을 보더라도 대부분 우수 그룹에 속하는 것만 보아도 너무 걱정할 일만은 아닌 듯싶다. 반에서 1등부터 5등까지 모조리 한국 학생인 경우도 있고 반장을 하거나 각 특별활동별 간부직을 맡고 있는 경우가 많은 것을 보아도 그렇다.

다만 뚜렷한 목적 없이 "중국어 하나만이라도…"라는 식으로 어린 나이에 부모동반 없이 혼자 도피형 유학을 보내는 경우만은 절대로 피해야 할 것이다. 그러한 학생들은 거의가 다 중국어는 중국어대로 못하고 그 영향으로 교과과정은 더더욱 못하게 된다. 특히 어린 나이의 경우는 한국어조차도 어설픈 바보가 되거나 성격이 빗나가는 경우도 의외로 많다는 점은 참고로 해야 할 것이다.

마찬가지로 한국에서 고등학교를 졸업하고 중국대학으로 유학하고자 하는 경우 역시 매우 신중하게 결정할 것을 권하고 싶다. 물론 중국어를 전공했거나 그렇지 않더라도 학생 자신이 특별한 목적과 의지를 갖고 도전하는 경우라면 오히려 반겨야 할 일이지만 중국어 기반이 약한 상태에서 바로 중국 대학에 들어가 전공과정을 이수한다는 것은 학생에 따라서는 위험한 발상일 수 있기 때문이다.

차라리 한국에서 대학에 들어가서 어학연수를 가거나 전공과정을 마치고 더 높은 단계의 전공을 위해 중국 유학을 가는 경우는 흔한 일이기도 하거니와 그때쯤이면 본인의 진로에 대해서는 스스로 판단을 할 나이이기 때문에 굳이 조언이 필요 없을 것이다. 그러나 한국에서 고등학교를 졸업하고 외국인 신분으로서 중국 대학을 지원할 경우 한국대학에 특례입학제도가 있듯이 중국에도 마찬가지로서 좀더 쉽게 들어갈 수는 있지만 졸업을 하기가 매우 힘든다. 어중간하게 졸업을 한다고 하더라도 취업을 할 때는 전공도 어학도 인정받지 못하는 사태에 직면하는 경우가 많다. 중국어 기반도 없고 전공도 없이 중국대학에 들어가서 4년 과정을 마쳤다고 해서 중국어가 생각만큼 능통해질 것이란 것은 특정인을 제외하고는 꿈에 불과하다. 그런 상태에서 사회에서 인정받을 만큼 전공 실력을 쌓는 것 역시 환상에 불과하다. 중국어도 어정쩡하고 전공실력도 없고 한국사회의 가치관조차 흔들려 버리는 경우가 많아서 오히려 기업에서는 이런 사람을 기피하는 경우까지 있다고 한다.

여가생활에 관하여

　중국에 장기거주하고 있는 많은 한국 사람들은 여가생활을 하는데 있어서 불만스러운 요소 중 하나로 특히 놀이문화가 부족하다고들 한다. 보는 이에 따라서 혹은 자신이 처해진 입장에 따라서는 중국의 놀이문화 환경이 아직은 한국에 비해서 시설이 열악하거나 서비스가 부족하게 느껴지는 부분도 없지는 않을 것이다.

　그러나 PC방(왕바)이나 노래방(연가방), 당구장 등 젊은이들이 자주 이용하는 장소들이 비록 수적으로는 부족하고 시설도 좀 뒤떨어지긴 하지만 있을 것은 거의 다 있다. 사업하는 사람들이 이용하는 고급식당이나 카페 그리고 가라오케도 생각보다는 잘 발달되어 있다. 조금만 안목을 넓혀 보면 평생토록 다 맛볼 수 없을 정도로 다양한 음식문화가 있고, 건전한 사교춤이나 다도(茶道)를 배우거

나 태극권, 붓글씨 등 중국 전통문화와 관련된 것을 배울 기회도
찾아보면 많다. 낚시나 등산, 여행 등 자신의 취미생활을 즐길 수
있는 환경도 충분히 마련되어 있고 수영이나 배드민턴, 테니스, 골
프와 같이 운동을 할 수 있는 환경조성은 지역에 따라서는 한국에

춤 연습

태극권

비해서 더 잘 되어 있다.

따라서 여가생활에 대한 불만을 놀이문화의 부족 탓으로 돌리는 것은 핑계에 불과하다. 처음 중국생활을 하는 사람들의 경우에는 언어 장벽이나 중국인과의 친분이 부족하여 일정한 생활 테두리를 벗어나지 못하는 원인이 더 클 것이다. 어느 정도 중국생활을 오래한 사람들 역시 흔히 입버릇처럼 놀이문화 환경을 탓하는 것은 친구나 친지 혹은 가족들과 떨어져 생활하는 까닭에 자기도 모르게 나타나는 정신적인 안식(安息)의 결핍이나 외로움에 기인된 때문일 것이다.

한국에서 생활하던 때를 돌이켜 보면 더욱 분명해진다. 중국에 가기 전에는 과연 충분한 놀이문화를 접하며 살았었던가? 다양한 음식을 즐기고 안마를 받고 중국의 가라오케와 같은 단란주점이나 룸살롱을 부담 없이 다녀보기라도 했었던가? 매일같이 골프를 치고 주말이면 가정부에게 음식준비를 시켜서 가족나들이를 가는 것을 꿈이라도 꾸어 봤던가? 기껏해야 삼겹살에 소주 몇 잔 마시고는 전철 끊어지기 전에 집에 가기 바빴을 것이다.

그럼에도 불구하고 불만이 적었던 것은 놀이문화가 충분해서가 아니라 외로움을 느끼지 못하고 가족이나 주변을 의식하며 비교적 안정된 생활을 했기 때문일 것이다. 따라서 중국생활에 있어서의

보람된 여가생활도 결국은 정신적인 안정이 전제가 되어야 할 것
이며, 그러기 위해서라도 늘 분수를 지키고 겸손한 자세로 생활하
는 것이 중요하다. 분수를 지키면 처지에 맞는 친구나 이웃이 생길
것이고 겸손을 지키면 겸손을 아는 사람과 가까이 하게 될 것이다.

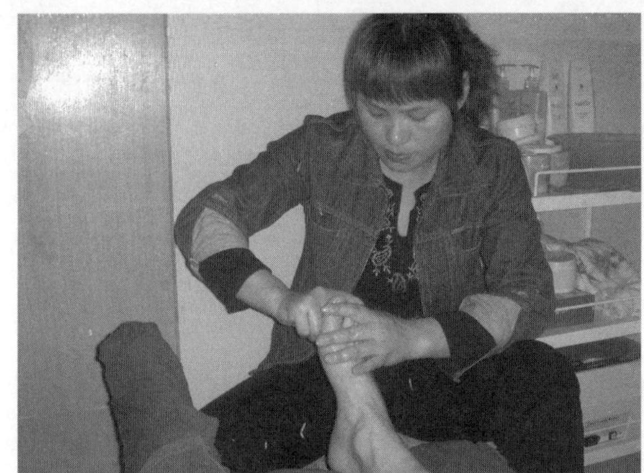

발 안마

발 안마 집

이들과 함께하는 생활에서는 그다지 불만스러움은 없을 것이다. 굳이 훌륭한 놀이문화를 찾지 않더라도, 무엇을 하더라도 즐겁고 보람을 느낄 것이다.

공부하는 학생의 입장이라면 여가생활의 많은 시간을 같은 또래의 중국학생들과 함께하면서 그들의 의식과 문화를 교류하는 기회로 삼아야 할 것이다. 나아가서는 다도(茶道)나 태극권 등 중국의 전통문화를 배워보는 것도 좋은 방법이다. 계층과 연륜(年輪)을 뛰어넘어 많은 중국인들을 사귈 수 있는 계기가 될 것이다. 부모가 마련해준 돈으로 끼리끼리 몰려다니며 고삐 풀린 망아지처럼 술 소비나 늘린다고 중국 정부가 우수고객으로 여겨주지 않는다. 패거리를 만들어 중국학생들에게 세력과시를 한다고 해서 한국기업들이 우수인재로 채용해 주는 것도 아니다. 의미 없는 생활은 하면 할수록 무료해지고 나중에 가정을 이루고 사회생활을 해보면 그러한 불필요한 패기나 행동들이 얼마나 어리석고 불쌍해 보이는지 알게 될 것이다. 참으로 용기 없는 자들이나 하는 짓이다.

기업에 다니거나 사업하는 사람이면 예의를 갖추고 분수를 지키고 여가 있을 때마다 좀더 중국인들의 생활문화 속으로 들어가도록 노력해 보라. 그에 걸맞은 상대와 인적 네트워크(꽌시)가 생겨날 것이다. 중국에서 중국을 모르고 중국인들과 함께 생활을 즐길 줄 모르는 한은 가는 곳마다 장애만 나타나고 돌아오는 것이라고는 불만과 실망뿐일 것이다. 같은 한국인끼리 과장된 돈 자랑과 술자랑은 하고나면 가슴 아프고 속만 쓰리다. 좁은 코리안 타운에서 집단으로 거주를 하고 코리안 가라오케를 쳇바퀴 돌듯 하면서 한껏 중국인들과 차별된 유흥생활을 해봐야 오늘 실컷 즐겨도 내일이면 또 부족함을 느끼게 되는 것이다. 오히려 개인에 대한 부정적인 정보가 노출되거나 때로는 비리문화의 주변인물로 오인되기 십상이다.

교민사회의 악소문은 의외로 빠르다. 한국 대기업과 거래를 하는 경쟁업체 간에는 연관되는 사람과 식사를 하거나 술자리만 같이하여도 금방 소문이 나돈다. 대기업 직원이 개인적인 외상 술값을 회사 접대비 명목으로 엎어 씌운다는 것까지 쉽게 소문으로 들린다. 코리안 타운에서 일어나는 각각의 가정사도 가정부 몇 사람만 모이면 다 나온다. 심지어는 어느 동 몇호집에는 전문 위조단이 살고 있다는 말까지 들릴 판이다. 어느 후배가 그랬다. "낮말은 가정부가 듣고 밤말은 접대부가 듣는다"고. 가정부와 접대부는 루머에 관한 한 가장 빠른 무선 네트워크인 것이다.

이처럼 중국 속의 교민사회는 참으로 좁다. 더구나 몇 사람만 거치면 대부분이 아는 관계다. 조선족 교포사회는 더더욱 좁다. 일가친척이나 같은 고향 사람끼리 몰려서 생활한다. 필자가 아는 사람 중에는 송사(訟事)거리가 발생하여 법정다툼을 준비하는 과정에서 통역을 맡았던 사람이 나중에 알고 보니 송사 대상자(가해자)의 조카인 경우도 있었다. 이렇듯 좁은 환경 속에서는 조금만 주의를 벗어나더라도 말이 많고 탈도 많은 곳이 교민사회이다.

그러나 남편을 따라서 혹은 아이들 공부를 위해서 중국에 들어간 한국 아주머니들은 다르다. 남성들에 비해서 훨씬 많은 여가시간에도 불구하고 그다지 불평을 하지 않는다고 한다. 남편이 출근하고 아이들 학교 보내고 나면 누구보다도 지루한 시간을 보낼 것 같지만 그렇지가 않다. 중국어를 배우고 중국요리를 만들어 보고 시장에 가서는 한국에서는 볼 수 없는 희귀한 음식재료들을 탐구하며 즐거움을 찾는다. 일정기간 생활을 한 사람들은 의류시장, 가구시장을 다니며 물건값 깎는 데는 수준급이다. 통역차 따라간 조선족 아주머니들이 놀랄 정도라고 한다. 조그만 일에서조차도 자기분수를 지키고 활용하며 작은 기쁨을 누릴 줄 아는 한국 아주머니들이 그야말로 최고란 생각이 든다.

필자는 중국에서 혼자 생활하는 관계로 집에 있을 때는 직접 요리를 한다. 그래서 1주일에 두 번 정도는 종합시장을 들리곤 하는데 한번은 감자, 고추, 파 마늘 등 채소를 잔뜩 사들고서 과일가게를 들렀다. 그 과일집은 필자가 몇 년간 다녔던 집이라 주인아주머니(중국인)와도 매우 잘 아는 사이다. 또한 필자가 그 가게에 들를 때면 얼마간은 한국말로 "이놈이 맛있나 저놈이…"라고 혼잣말을 습관적으로 중얼거린다는 것을 주인아주머니도 익히 알고 있기 때문에 처음에는 말도 걸지 않는다. 그 날도 혼잣말을 하고 있는데 마침 한국 아주머니 한분이 지나다가 듣고는 쇼핑이 끝날 때까지 계속 통역을 해주시는 게 아닌가. 투명한 비닐봉지에 각종 채소를 잔뜩 사들고 하필이면 그 날 따라 길이가 긴 파까지 비닐봉지 위로 삐죽 튀어나오게 들고서는 과일 가게 앞을 서성이며 한국말을 지 껄여 대었으니 모성애 강한 한국아주머니는 그냥 지나칠 수가 없 었던 모양이었다.

아침 출근시간에 유치원 가는 아이들 손잡고 차가 오기를 기다 리는 한국아주머니들을 볼 때나, 유원지에서 먹다 남은 쓰레기를 주워 담는 모습을 볼 때도 한국 아주머니들은 참으로 다르다는 것 을 느끼게 한다. 한국에서 생활할 때는 느끼지 못하였지만 오랫동 안 찌든 중국생활을 해서인지 어쩌다 길거리에서 마주치는 한국 아주머니들을 볼 때마다 마냥 고맙고 용기가 생긴다.

중국에도 훌륭한 여가생활을 할 수 있는 각종 놀이문화가 많이 있다. 그렇지만 해외생활이란 특수한 환경에서 더 중요한 여가생 활은 우선 가정이나 자신의 마음에서 찾아야 할 것이다. 아이들은 가끔 투정은 부리더라도 엄마 아빠와 함께 생활하는 것만으로도 행복할 것이고, 부인들은 가족이 아무 탈 없이 지내주기만 해도 감 사해 한다. 해외생활의 특성상 어쩔 수 없이 밤 문화를 자주 접하 는 남편들이 조금만 더 가정을 생각하고, 공부하러 간 학생들도 부

주민들을 위한
체육시설

모님의 고마움에 보답하겠다는 마음만 가진다면 여유시간에 순간순간 접하게 되는 모든 것들이 아름답게 보일 것이다. 놀이문화란 것이 뭐 별게 있나. 선배 만나면 큰소리로 인사하고 후배 보면 아껴주는 용기만 가져도 저절로 즐거울 것을….

틈날 때마다 중국을 배우고 체험하는 것도 잊지 말아야 할 것이다. 중국에 갈 때 타의에 의해서 어쩔 수 없이 떠밀려 간 사람은 아무도 없을 것이다. 누구든지 스스로 설정한 목표가 있을 것이다. 어차피 중국생활을 할 것이면 내가 언제 또 그러겠냐는 듯 다부진 각오로 덤빈다면 오래지 않아 목표 달성은 물론 훌륭한 중국통으로 거듭나게 될 것이다.

언론을 통해서도 자주 듣게 되지만 다녀보면 볼수록 중국이란 나라가 어쩌면 이렇게도 넓은가 싶고 발전되어 가는 속도를 보아도 무섭기까지 하다. 어느 도시 어느 장소에서든 서서 한 바퀴 둘러보면 건물 짓는 크레인이 곳곳에 서있는 장면을 볼 수 있다. 10년 전이나 지금이나 똑같다. 이런 중국을 지척에 둔 우리가 현실에만 안주하다가는 어느 정치인이 그랬듯이 언제 우리가 중국인에게 발 마사지를 해야 할지도 모른다.

놀이문화에 대한 욕구도 때로는 필요하지만 가급적 중국을 배우는 곳으로 활용해 보자. 때로는 힘들고 괴롭더라도 조금 더 참고 용기를 내보자. 누군가 그랬다. "해뜨기 전이 가장 추운 법"이라고.

중국에서 사업하려면

4^장

차이나 드림(?)

중국에 진출하여 수많은 기업들이 실패를 했다. 언제 철수해야 할지 저울질하고 있는 기업들이 성공한 기업보다 더 많다고 한다. 그러나 수적으로는 그렇다 하더라도 규모면에서 보면 성공한 규모도 그리 작지만은 않다.

세계적인 핸드폰 업체인 노키아와 에릭슨 그리고 모토롤라가 이미 중국시장을 장악하고 각축을 벌이고 있는 과정에 우리나라 삼성이 뒤늦게 진출하였는데 지금은 소비자들 간에 삼성 브랜드가 아니면 자랑거리가 못 된다. 세태에 가장 민감하다고 할 수 있는 가라오케 아가씨들은 필자가 갖고 있는 일제 핸드폰을 보고 비웃기까지 한다.

중국진출 20년을 넘긴 폭스바겐 자동차의 경우도 한때는 중국시장 점유율 80%에 이를 만큼 성공적이었으나 우리나라의 현대자동차가 진출을 하면서부터는 시장 점유율이 해마다 추락하여 인원을 대거 감축하고 경영전략을 다시 짜고 있다고 한다. 역으로 현대는 진출 역사도 가장 짧지만 몇 가지 안 되는 모델을 가지고 중국시장 점유율 4위를 차지하고 있다.

식품분야에 있어서도 대만의 캉스푸나 퉁이 그룹이 중국의 라면(拉麵)시장 대부분을 차지하여 막강한 시장 장악력을 과시하고 있을 즈음에 역시 우리나라의 "농심"이 진출하여 매서운 맛을 보여주고 있다. 매운맛을 별로 좋아하지 않는다는 중국인들을 상대로 매운맛의 대표모델인 "신라면"으로 입맛 자체를 돌려놓고 고급라면

중국 대형 매장에
진열된 신라면

중국에서 판매되는
오리온 초코파이

의 대명사로 자리매김 함에 따라 연간 250만개 라면이 소비되는 중국시장에서 캉스푸나 통이 그룹 그리고 일본의 대표적인 라면회사 니신과 손을 잡은 중국의 화룽(華龍)을 바짝 긴장시키고 있다.

뿐만 아니라 중국에서는 라면을 편리하게 먹을 수 있는 면(麵)이라고 해서 "팡비엔 미엔(方便麵, 방편면)"으로 부르던 것을 우리의 신라면, 김치라면은 차별화 전략으로 "라면"이라는 이름을 그대로 사용하여 "라면"이라는 고급 면(麵)시장 자체를 아예 새로 만들어 버렸다.

KBS 성공신화에서도 소개가 되었지만 오리온의 초코파이가 성공을 거두면서 중국의 다른 경쟁업체들을 아예 요절을 내놓고 있

다. 중국의 파이 시장 점유율에서 압도적인 선두! 인지도 선두! 이
제는 이를 모방하는 업체들로 인하여 이미지 실추가 우려되는 걱
정거리까지 선두다.

대우중공업(현 두산 중공업)의 굴삭기가 중국시장 점유율 1위를
확보하고 있고 몇몇 가정용보일러 업체 역시 새로운 난방문화를
전파하며 대단한 성장을 거듭하고 있다. 한류문화를 불러일으킨
드라마나 음악에까지 살펴보면 매우 폭넓은 분야에서 속속 성공을
이루고 있음을 알 수 있다.

이렇게 성공적인 기업들을 살펴보면 대부분이 규모가 큰 대기업
들에 극도로 편중되어 있음을 알 수 있다. 대기업들은 사전 준비에
철저하고 자금력이 풍부하고 브랜드 인지도를 높일 수 있는 저력
이 있다. 현지화와 조직화 그리고 인재를 발굴하고 강도 높은 교육
을 통하여 문화의 차이에 따르는 극복과 적응력에도 강하다. 스스
로가 해외시장에 대한 전략적인 접근 능력을 갖고 있으며 다양한
시너지효과를 누릴 수 있는 강점이 있기에 중국이란 독특한 환경
에서도 성공신화를 만들어 갈 수 있는 것이다.

그러나 중소기업이나 개인의 입장에서는 중국이란 나라를 다른
나라에 비해서는 좀 다른 차원에서 생각해 봐야 한다.

첫 번째로 중국이란 나라는 소비자나 시장에 대한 환경, 기업경영 환경 및 각종 제도 등 내적인 면만을 고려해서는 부족하다는 점이다. 경쟁의 측면에서 보면 중국기업은 물론이지만 세계적인 기업들이 각축을 벌이는 곳이라는 점을 함께 고려한 전략이 요구된다는 것이다. 다시 말하면 세계적이지 못하면 발붙이기 힘든 곳이 중국이다.

두 번째는 시장이 크다고 해서 중소기업이나 개인사업자가 진출하였을 경우 그만한 시장 장악력이 있느냐에 대한 것도 생각해 봐야 한다. 진출하고자 하는 지역적인 선택의 폭이나 기회의 폭은 넓을지라도 기업 자체가 가지고 있는 능력에 따라 영향이 미칠 수 있는 시장의 범위는 한정적일 것이다. 그리고 적정 수준의 구매가능 고객 분포도 아직은 다른 나라에 비하여 훨씬 넓게 흩어져 있어 고객 도달(reach)률을 높이기 위한 마케팅 경비나 기타 경비도 의외로 많이 드는 곳이다. 당위성과 타당성에 대한 충분한 고려 없이 한국에서 잘 안 된다는 이유만으로 중국진출을 생각하는 것은 절대로 말리고 싶다.

세 번째 아직도 중국은 사회의 투명성이 비교적 뒤떨어지는 구조여서 자국민이 아닌 외국인 신분 그리고 자본능력이 약한 중소기업 혹은 개인기업은 역시 불리하다는 점이다. 다행히 중국은 WTO 가입과 더불어 최근에 와서는 여러 부문에서 개방의 속도를 높이고 있고 투명성 제고에도 많은 노력을 기울이고 있는 관계로 소규모 투자자의 입장에서는 이제부터가 중국진출의 성공가능성이 점점 높아지기 시작했다고 봐야 할 것이다.

　마지막으로 사회주의 중국의 독특한 기업문화와 환경에 대한 이해도 매우 중요하다. 중국은 나라가 크고 인구만 많은 게 아니라 생각지도 못했던 경쟁자가 항시 나타날 수 있는 곳이다. 그야말로 없는 것이 없는 나라이다. 진출기업의 기술력이 뛰어나다고 해서, 가격 경쟁력이 있다고 해서 안심은 금물이다. 분야에 따라서는 원자재 가격이 턱없이 높은 경우도 있고, 생각지도 못했던 새로운 비용발생 요인도 곳곳에 숨어 있다. 고급인력에 대한 자원이나 에너지, 교통, 전산망과 환경에 이르기까지 각종 사회적인 인프라 구조면에서도 열악한 부분이 아직은 많이 남아 있다.

　따라서 중국진출을 꿈꾸는 중소기업이나 개인의 입장은 대기업과는 판이하게 다르다는 점을 고려해야 한다. 아이러니컬한 것은 크고 작은 밥그릇이 골고루 생존하는 자본주의에 비하여 똑같은 밥그릇을 모토로 했던 중국에서 오히려 자본주의적 폐단이 더 많이 발견되고 있다는 것이다. 진출에 대한 당위성과 타당성, 경쟁력과 타이밍(timing) 그리고 시장에 대한 정확한 분석과 리스크에 대한 대비까지도 충분히 검토하여야 한다. 적어도 중국인까지는 아니더라도 "신 조선족"이란 칭호를 받을 만큼 해당 분야에 대한 지식과 이해와 문화적인 습득이 선행된 다음에 진출할 것을 권하고 싶다. 성공한 대기업 경영자들이 한결같이 토로하는 말이 "중국에 진출하는 한국 사람들은 중국을 몰라도 너무 모른다"라고 한 점을 다시 한 번 깊이 되새겨 볼 필요가 있다.

일단 진출 결정이 내려진 다음에는 적극적인 노력과 의지가 뒤따라야 한다. 아무리 철저한 준비를 했다손 치더라도 부닥치는 어려움이 한두 가지가 아닐 것이다. 된다고 다 되는 게 아니고 안 된다고 해서 길이 없는 것만은 아니다. 원칙은 유지하되 생각하고 판단하는 잣대는 조금씩 중국으로 이동해 가는 각고의 노력도 겸해야 한다.

투명한 사회일수록 판단하고 적용하는 기준이 뚜렷하여 적은 노력으로 빠른 길을 찾아갈 수가 있지만 그렇지 못한 경우일수록 여러 갈래의 길을 생각하고 부닥쳐 봐야 한다. 제도가 다르고 판단기준이 다르기 때문에 적용범위의 안쪽도 바깥쪽도 아닌 '뫼비우스의 띠'와 같은 테두리에 서게 되는 경우도 많이 있다. 의지와 노력에 따라 결과가 크게 달라질 수가 있다는 말이다.

과거 필자가 사회에 첫발을 내디뎠을 무렵 현대그룹 정주영 회장께서 하신 말씀이 아직도 생생하게 기억에 남는다.

지금은 돌아가셨지만 그 당시는 "현대그룹"의 회장이었던 그 분이 어느 텔레비전 좌담회에 출연한 것을 우연히 보게 되었다. "정 회장께서는 추진하셨던 사업마다 성공을 거두었는데 그렇게 성공을 거두게 된 주된 원동력이 어디에 있다고 보느냐"는 사회자의 질문에 정 회장님은 "새로운 사업을 구상하고 기획을 하고 추진을 함에 있어서 사업성 분석을 수치로 가장 잘 할 수 있는 사람은 아마도 해당 전공분야의 교수님들일 것이다. 그러나 교수님들은 사업에 대한 열정과 의지를 수치화하지는 못하는 것 같더라"라는 의미 있는 말씀을 하였다. 사업이란 눈에 보이는 수치대로만으로 되는 것은 아니란 것이었다. 사업은 사람이 하는 것이고 그 사람의 능력만 가지고 되는 것도 아니란 것이었다. 하고자 하는 열정과 의지가 무엇보다도 성패에 큰 영향을 미친다는 의미로서 나중에 필자가 LG전자에서 팀장으로서 신규사업을 추진하면서 팀원이었던 여러 후배들에게 귀감으로 들려주었던 생각이 난다.

중국에서 회사 만들기

　중국은 개혁개방정책을 취한 이래 지금까지 무수히 많은 외국자본의 유입으로 괄목할 만한 경제성장을 거듭하고 있다. 외자기업이 무역에서 차지하는 비중이 수출과 수입부분에 있어서 모두 50%를 상회하고 외자기업으로부터 징수한 세금만도 전체의 약 20%를 차지하고 있어 중국 경제발전에 견인차 역할을 톡톡히 하고 있다. 거대한 국토와 값싼 노동력으로 세계적인 생산기지로 탈바꿈한 지 이미 오래되었고 2000년대에 들어서면서부터는 시장개방에 있어서도 획기적인 변화가 일어나기 시작했다. 2000년대 이전이 특정한 분야만을 허용하는 '포지티브(positive) 경제정책 시스템'이었다면 그 이후는 예외적인 규제만 남겨놓고 모두 허용하는 방식의 '네거티브(negative) 시스템'으로 바꾸어 나가고 있다.

경제 시스템 변화의 대표적인 분수령으로는 WTO(세계무역기구) 가입을 들 수 있다. 2001년 12월 11일 중국이 WTO에 가입하게 됨에 따라 이후 5년 내에는 거의 모든 분야의 시장개방 약속을 하였고 일정한 과도기를 거쳐 2004년 6월에 "외상투자상업영역관리방법"을 제정 공포하여 같은 해 12월 11일 시행에 들어가게 됨에 따라 외국기업이 중국에 진출하는 데 있어서 법적인 진입장벽은 거의 다 없어졌다. 따라서 이제는 과거의 편법이거나 불법적인 불안한 진출 방식에서 벗어나 해외의 어떤 기업이든 법적인 보호 아래 자유롭게 진출할 수 있게 되었다.

중국에 진출하여 사업을 시작하기 위해서는 충분한 사전 검토, 중국 정부로부터의 심사/비준, 회사 설립 등 크게 3단계로 나누어 깊이 생각해 봐야 한다.

장기간에 걸친 충분한 사전 검토는 필수요소이다. 다른 어떤 나라의 경우와도 달리 중국이란 나라의 사회적, 제도적인 변화가 무상하고 우리가 살아왔던 자본주의 경제체제와 중국의 사회주의 계획경제 간의 법률적인 차이가 있고 지역별 투자환경과 시장환경, 기타 언어적인 문제 등을 포함하여 각종 문화와 관습이 크게 다르기 때문이다.

외자기업에 대한 심사/비준은 중국의 주권에 손상을 주지 않는지 여부, 중국 정부가 제정한 각종 해당 법률과 규정에 따라 합법적인 테두리 안에 포함되는지 여부, 기술적으로나 경제발전의 요구에 부합되는지 여부, 환경오염 문제는 없는지 여부, 합영(합작/합자)의 경우 계약서나 정관상에 어느 일방의 권리나 이익에 손해를 끼치지 않는지 등 기업의 설립목적에서부터 추진방안과 효과까지 사전에 두루 심사를 하고 비준을 하는 기업설립의 예비절차로서 우리나라에는 없는 반드시 거쳐야 하는 절차이다. 여기에는 주로 계약서, 정관, 사업타당성보고서, 국가토지이용이나 건물임대차 계약서 등 각종 서류심사가 이에 해당된다.

다음은 기업설립 단계로서 기업의 명칭에서부터 기업코드, 사업자등록, 그리고 외환, 은행, 세관, 세무, 제정, 통계에 이르기까지 각종 등록과 자본투입이 이루어지고 업종에 따라서는 위생, 환경심사 및 기타 해당규격을 득하고 정해진 법규에 따라 합법적인 인력확보와 근로자에 대한 취업증이나 거류증, 사회보험 등 매우 복잡한 절차를 거치게 되어 있다.

따라서 외국인이 중국에서 사업을 하기 위해서 우선 알아야 함 '외상투자기업'에 대한 제도와 법률적인 특징 그리고 등록절차에 대한 이해와 주의사항 등을 중심으로 살펴보자.

외국인 투자기업의 형태

중국에서 외국인 신분으로 사업을 하자면 회사 설립에서부터 경영, 변경, 청산에 이르기까지 중국법률에 따라 처리해야 하며 중국인의 경우는 "개체공상호(個體工商戶)"라고 하여 개인기업형태로도 가능하지만 외국인은 대부분이 법인형태로 설립이 가능하다. 관련 주요법령으로는 '외자기업법', '중외합작경영기업법', '중외합자경영기업법', '회사법'을 중심으로 기타 각종 규정이나 조례에 따라 이루어져야 한다.

외국인이 중국에 설립할 수 있는 회사법인의 주요 형태는 크게 3가지로서 '독자기업(외상독자기업)', '합작기업(중외합작경영기업)', '합자기업(중외합자경영기업)'으로 나눌 수 있으며 이 3가지 형태의 외자기업을 통틀어 '외상투자기업' 혹은 '3자기업(三資企業)'이라고 부르기도 한다. 이 외에 특별한 경우로서 대규모의 투자가 일어나고 좀더 전문적인 접근이 필요한 외상투자성회사(지주회사, Holding company)나 외상주식회사(外商株式會社)의 형태가 있고 특정회사의 현지 지사격인 상주대표기구(지점, 연락사무소)의 형태가 있으나 이는 일반적인 경우와는 거리가 있는 관계로 본 내용에서는 제외하기로 하겠다.

'외상독자기업(外商獨資有限責任公司)'은 외국 기업이나 개인이 출자 총액을 투자하여 설립한 기업으로서 국가의 전략산업 분야에 해당하는 자동차나 이동통신 부가 서비스 등 일부 업종에 대해서는 아직도 외국인 단독투자에 제한을 두고 있는 것도 있다. 그리고 다수 외국인 간의 공동투자의 경우도 외국인들만으로 구성된 경우이기 때문에 외상독자기업에 해당한다. 장점으로는 손익분배 등에 대한 분쟁의 소지가 없고 경영에 있어서 자유로운 의사결정을 할 수 있는 반면에 외국인 단독으로는 중국에 대한 지식과 경험 기반이 부족하여 어려움을 겪을 수 있다는 단점이 있다.

'중외합작기업(中外合作經營有限責任公司)'은 외국측 투자자와 중국측 투자자가 중국의 법규에 따라 중국 내에 기업을 공동으로 설립하고 투자쌍방이 계약에 따라 경영권, 이익, 위험, 손실 등을 분담하는 것으로서 '합작기업(合作企業)'이라고 통칭하며 그 특징은 다음과 같다.

1) 합작기업은 계약식 기업으로서 합작 쌍방간의 투자비율에 상관없이 모든 권리와 의무는 쌍방간의 협의에 따라 서면으로 맺은 계약서 내용에 따른다.

2) 합작기업의 기한 만료시, 합작기업의 일체의 고정자산은 중국 합작자의 무상소유가 된다. 그런 반면에 외국 합작자는 합작기한 내에 투자 회수를 선행할 것을 신청할 수도 있다.

3) 기업청산의 경우에 법적 절차에 따라 청산을 하고 채무상환을 한 나머지 재산에 대해서도 역시 쌍방간의 약정에 따라 배분한다.

'중외합자기업(中外合資經營有限責任公司)'은 외국측 투자자와 중국측 투자자가 중국의 법규에 따라 중국 내에서 공동투자, 공동경영을 하고 그 결과로 투자비율에 따라 이익 또는 손실을 배분하는 기업으로서 "합자기업(合資企業)"이라고 통칭한다. 합자기업의 특징으로는,

1) 합자기업은 주식형기업으로서 중외합자 쌍방간이 투자한 지분에 따라 이익배분 및 손실분담을 한다.

2) 합자기업은 유한책임회사로서 쌍방간에 투자한 금액을 한도로 유한 책임을 진다.

3) 합자기간 만료 전에 등록자본 감자나 자본회수가 불가능하다.

4) 합자기업의 외국인 투자자 지분은 25% 이상이어야 외국인 투자기업으로 분류되어 외상투자기업에 대한 세제혜택 등을 받을 수 있다.

중국 "회사법" 대폭 개정

중국의 회사법은 1994년 7월 제정되어 1999년 12월과 2004년 8월 2차례에 걸쳐 일부 개정이 이루어졌으나 현실적인 시장경제체제 요구를 만족시키지 못함에 따라 2005년 10월에 전면 개정을 하여 2006년 1월 1일부터 시행하게 되었다. 새로이 개정된 신 회사법은 기업등록자본에서부터 출자방식 등 상당부분에 있어서 크게 완화되었으며, 회사법은 외국인 투자기업의 각종 법률적용에 있어

서도 근간이 되는 관계로 향후 중국에 투자하는 해외기업들에게는 상당히 긍정적인 영향을 줄 것으로 기대된다.

　우선 등록자본금에 있어서 유한책임회사의 경우 작년까지 회사의 경영내용에 따라 생산경영과 상품도매를 하는 유한책임회사의 최저 등록자본이 50만 위엔, 상품소매를 하는 회사는 30만 위엔, 과학기술/컨설팅/서비스를 하는 회사는 10만 위엔으로 되어 있던 최소자본금 제도를 폐지하고 유한책임회사의 최저등록자본금을 3만 위엔으로 하는 단일방안으로 대폭 완화하였다. 출자방식에 있어서도 최초 출자금액이 총 출자금액의 20% 이상이거나 법정최저등록자금 이상이면 되고 나머지는 회사 설립일로부터 2년 내에 납입하면 된다. 지주회사의 경우는 별도로 5년 내에 납입할 수 있도록 완화했다.

　출자범위에 있어서도 작년까지의 구 회사법에서는 공업재산권, 비 특허기술을 유한책임공사의 등록자본금으로 출자를 하는 경우는 20%를 초과할 수 없도록 규정되어 있어서 중외 합자/합작의 경우에 외국인 출자자가 기술을 자본으로 투자하더라도 20% 이내에서만 가능했다. 그러나 개정회사법에서는 "실물, 지적재산권, 토지사용권 등을 화폐로 평가하여 非화폐재산으로 출자가 가능하되 유한회사 전체주주의 등록자본금 중 화폐출자가 30% 이하여서는 안된다"라고 명시하여 화폐출자가 30% 이상만 되면 非화폐출자(실물, 지적재산권, 토지사용권 등 포함)를 70%까지 가능토록 함에 따라 기술과 같은 무형자산 출자에 있어서 경우에 따라서는 최대 70% 에 근접하는 비율로 출자가 가능하도록 하였다.

유한 책임공사 출자 발기인도 과거에는 '2인 이상 50인 이하'였던 것이 '50인 이하'로 바뀜에 따라 하나의 자연인 혹은 하나의 법인이 주주가 되는 1인 출자회사도 가능하도록 허용했다. 1인 회사의 경우 등록자본금은 10만 위엔 이상이어야 하고 주주는 출자금액을 일시불로 납입하여야 한다. 그리고 하나의 자연인은 하나의 1인 유한책임회사만을 설립할 수 있어서 1인 유한책임회사는 새로운 1인 유한책임회사를 설립할 수 없다.

유한책임회사 소주주의 권익도 강화하는 방향으로 개정하였다. 회사가 5년 이상 이익이 발생했음에도 불구하고 회사법에 규정한 이윤분배조건에 따라 이윤분배가 이루어지지 않거나, 회사가 합병/분할 또는 주요 자산을 양도하는 경우, 그리고 회사정관 규정에 따른 영업기한 만료나 기타 해산사유 발생시에는 회사에서 자신의 주식에 대해 합리적인 가격으로 인수하도록 하는 청구권을 갖도록 했다. 지분양도에 있어서도 주주 상호간 혹은 주주 이외의 자에게 자유롭게 양도가 가능하며 양도하려는 주주가 지분의 일부 또는 전부를 양도하겠다는 사항을 기타 주주에게 서면통보하게 되면 기타 주주가 인수를 하거나 그렇지 않은 경우에는 서면통지 접수일로부터

30일이 경과하면 자동으로 주주 이외의 자에게 양도하는 것에 동의하는 것으로 간주된다.

그리고 유한책임회사의 주주가 권리를 남용하여 채무를 이행하지 않거나 채권자의 권리를 침해하는 경우에 대해서도 회사에 연대책임을 지도록 규정하여 과거의 유한책임 부담에 한하던 것을 무한책임까지 질 수 있도록 하였다.

비(非)화폐자산에 대한 자산가치 평가에 있어서도 허위평가 자료를 제공하여 위법적 소득을 취할 경우에도 위법소득에 대한 몰수는 물론 위법소득의 1배에서 5배 이하까지 배상하도록 규정하여 경영 투명성에 대해서도 더한층 강화하였다.

중국회사 설립절차

(단위 : 만명)

순서	항 목	해당부처	주요내용	비 고
1	사전 준비단계	한국 : 한국 대외투자기관 중국 : 해당 지방정부 招商局	프로젝트 선정 : 투자방식 : 독자/합작/합자 지역 및 파트너 선정 : 합작/합자 합동서(의향서) 작성 : 합작/합자	· 招商局 : 투자유치 담당부처
2	사무실 확보		건물임대차 계약서, 방산권증	
3	기업명칭 예비등록	工商行政 管理局	규정위반 유무 심사 해당업종 동일명칭 유무 검사	소요기간 : 10일 소요비용 : ￥100
4	항목 투자승인 : 독자/합작/합자	국가발전개혁위원회	사업타당성 검토 보고서 (可行性研究報告書) 심사	소요기간 : 3일

5	임시 법인 코드 (대미증)	기술감독국(技術監督局)	법인코드 예비 심사	소요시간 : 3~4일 발급비용 : ¥53
6	기업 설립비준 증서	상무국 (구,대외경제무역위원회)	계약, 정관(장정), 이사회 구성인원에 대한 비준	소요기간 : 7일
7	사업자 등록증 (營業執照, 영업집조)	공상행정관리국		소요기간 : 10일 이내 소요비용 :
8	기업 인장	공안국	법인 도장, 재무 도장, 계약용 도장(합동장), 세관 신고용 도 장, 법인대표 인감	
9	법인 코드(대미증)	기술감독국	정식 법인 코드(대미증) 발급 신청	소요기간 : 3일
10	외환관리국 등록	외환관리국	외화취급 등록 수속	영업집조 발급일로부 터 30일 이내
11	은행계좌 개설	중국외국환 은행	외환계좌 개설 인민폐계좌 개설	
12	세관 등록	세관(海關, 해관)	자가통관기업등록 증서 발급	
13	세무 등록	국가 세무국(국세) 지방 세무국(지방세)	세무 등기표 발급 및 기업세무 등록	영업집조 발급일로부 터 30일 이내
14	재정 등기	재정국	영업집조 발급일로부터 30일 이내 재정등기표 제출	영업집조 발급일로부 터 30일 이내
15	통계 등록	통계국	각 정부부처에 통계자료 제출을 위한 등록 절차	영업집조 발급일로부 터 30일 이내

중국진출 주의사항

앞에서 소개된 바와 같이 외국인 신분으로 중국에서 사업을 하는 데 있어서 과거에는 각종 법적인 규제와 제한적인 요소로 인하여 중국인을 활용하거나 제한범위 내에서 부득이하게 중국 측의 개인이나 기업과 합자 혹은 합작으로 많이 진출했다. 그러나 WTO

가입과 그에 따른 '외상투자상업영역관리방법' 제정, '회사법' 개정 등으로 이제는 거의 대부분의 업종이 자유로워졌고 그 문턱도 매우 낮아졌다.

그러나 법적으로 자유로워졌다고 해서 관료들의 행정관습이나 기업의 경영방식과 의식까지도 선진화되었다고는 볼 수 없다. 독자기업으로 진출하는 경우는 다르겠지만 합자나 합작의 경우에 있어서는 계약시 중방(중국측 파트너)이 무리한 조건을 요구하거나 경영에 있어서도 중방의 계약조건 불이행과 비적극적인 태도로 인하여 어려움을 겪는 경우가 많다는 점도 알아야 한다.

일일이 구체적인 사례들을 모두 열거할 수는 없지만 주로 문제되는 몇 가지를 예로 든다면, 첫째로 중국 정부 투자유치 담당부서의 태도 문제가 있을 수 있다. 지역별 투자유치 할당이나 투자유치 실적에 따르는 인사적인 혜택 등이 있어서 유치가 이루어지는 단계까지는 매우 호의적이다가도 일단 유치가 이루어지고 나면 태도 변화로 여러 가지 난제에 부닥치게 되는 경우가 많다. 세금혜택이나 환급문제, 토지사용이나 전기, 물 등에 대한 안정공급 등에 있어서 약속을 불이행하거나 비협조적인 태도를 취하거나 기타 행정적 처리 지연이나 환경심사의 까다로운 법적용 등 지역에 따라서는 여러 가지 문제에 봉착할 수 있다.

둘째로는 계약 조건에 있어서 중방의 불평등한 요구조건이나 계약 불이행을 들 수 있다. 토지나 건물에 대한 과다한 임대료 책정, 등록자본에 비하여 과다한 투자비용 요구로 운전자금에 대한 부담까지 요구한다거나, 중방의 출자금 납입 불이행이나 계약조건 불이행, 기술이나 설비 및 생산제품의 품질상의 문제에 대한 책임의 전가 등 상호 호혜평등의 원칙이나 관례에 벗어나는 경우도 흔히 있을 수 있다.

이 외에도 경우에 따라서는 중방의 보이지 않는 권리남용도 특히 신경 써야 할 부분이다. 이는 중국을 어느 정도 알고 경험이 있는 사람들 중에서 주로 소규모의 한국회사 대표가 중국을 자주 다녔거나 적정기간 상주하면서 비교적 권위가 있는 중국 사람과 꽌시(關係)가 형성되어 서로 지분을 나누어 가지는 형태의 합작을 하는 경우이다. 중국 사업에 대한 화제들 중에는 당장이라도 큰 수익을 올릴 것 같은 "대박"거리가 너무나 많고 게다가 직접 진출하기에는 부담을 느끼거나 꽌시를 맹신하는 분들에게 흔히 있는 대표적인 사례이기도 하다.

대부분 자금과 기술투자는 외상투자기업(외국기업)인 한국측에서 책임지고 필요한 사업장 부지와 중국 내 업무권한은 중방(중국측 파트너)이 갖는 경우가 많다. 조금만 달리 생각해 보아도 이 경우는 비즈니스 파워를 완전히 중방에 넘긴 셈이 된다는 것을 알 수가 있을 것인데 중방측이 배경으로 가진 "꽌시와 대박"에 너무 집착한 나머지 일어나는 일들이다. 자금과 기술투자는 외상기업이 했지만 사업장, 직원관리 그리고 중국 내 모든 업무관련 실권과 언어문제에 따른 보이지 않는 권한까지 깡그리 중방이 가진 셈이 된다. 누구의 잘잘못 이전에 비즈니스 파워를 어느 일방이 갖고 있으면 자연적 다른 일방은 예속적 관계가 된다는 것은 당연한 이치이다. 형식적으로는 대등한 관계지만 실질적으로는 예속되는 관계에서 일을 추진하다 보면 트러블은 언제든 생기게 마련이다. 결국은 불편한 관계로 발전되다가 최종적으로는 심각한 관계로 가기 십상이다.

이는 어느 일방이 고의적이거나 악의적인 계획을 가지고 추진한 것이 아니라 하더라도 대부분의 경우에 결과적으로는 최악의 경우로 가기 쉬운 구조란 점을 필자의 간접적인 경험에서도 여러 차례 보아 왔기에 특별히 강조해 둔다. 소위 말하는 "대박"의 꿈과 "꽌시"에 대한 맹신으로 인하여 현실적인 판단력이 희석되어 일어나는 안타까운 사례는 더 이상은 없었으면 하는 바람에서이다.

지금까지 설명된 내용을 종합해 볼 때 외상투자기업에 대한 중국정부의 혁신적인 문호개방과 법적인 투명성에 대한 의지를 확인할 수 있고 한편으로는 아직도 외상투자기업의 입장에서 주의를 기울여야 할 과제들도 많이 남아 있다는 것을 알았다. 많은 해외기업들도 그 동안 중국진출에 있어서 합법적이고 투명한 법절차를 적용받고 진입장벽 해소에 상당한 기대를 해왔을 것이다. 비록 중국의 행정 관료나 기업인들의 기업경영 방식이 아직은 글로벌한 정신에는 미치지 못한다 할지라도 최소한 합법적인 진출의 기틀은 마련된 셈이다. 더구나 중국인들은 중화사상이나 사회주의 사상이 뿌리 깊게 작용하여 단기간 내에 쉽게 융화할 수 있는 나라도 아니다. 따라서 이제는 중국진출을 꿈꾸어 오던 기업이라면 더 늦기 전에 우선 한 걸음부터라도 내디뎌야 할 때가 아닌가 싶다.

현지화 전략

　　우리나라와 중국은 올해로 수교 14년째를 맞고 있고 한중 교역
이 지난해 1000억 달러를 넘어 중국은 한국의 수출 1위국이며 한
국은 중국의 제2위 수입국이 됐으며 수년 내 수입 1위국이 될 것이
란 전망이 나오고 있다. 중국 상무부 통계에 의하면 국가별 대중국
투자에 있어서도 이미 2004년에 우리나라가 약 60억 달러로 홍콩
과 버진군도를 제외하고는 제1투자국이 되었다. 이에 걸맞게 중국
에서 공부하고 있는 해외 유학생도 전체 약 12만 명 중 1위가 한국
학생으로 거의 40%에 해당하는 4.5만 명 정도가 된다. 수적으로 2
위인 일본 학생에 비하여 두 배가 넘는 한국 학생이 중국에서 공부
를 하고 있다.

　　이렇듯 중일(中日)에 비해서는 정확히 20년이나 뒤늦은 짧은 수

교역사에도 불구하고 이제 한국과 중국은 지리적으로는 물론 경제적으로도 가장 가까운 나라로 발돋움했다. 이미 수많은 기업들이 중국에 진출해 있고 그에 따른 재중 상주 한국인만도 40만을 헤아리고 중국 조선족 교포도 200만이 넘어 세계에서 우리 동포가 가장 많은 나라이기도 하다.

이렇게 양국간의 급속한 관계발전 이면에는 해결해야 할 난관도 적지 않다. 일반적으로 기업이 해외에 진출하여 성공을 거둔다는 것은 우선 겉으로 드러나는 수치적인 평가 이외에도 여러 가지 변수가 있을 수 있겠지만 특히 중국의 경우에 있어서는 현지화에 대한 성공이 가장 중요하며 또한 극복해야 할 과제이다. 현지화 방안에 있어서도 가장 중요한 요소는 훌륭한 인적 자원(manpower)을 확보하고 육성하는 작업일 것이다.

중국사업에 있어서의 성공적인 현지화, 그 중에서도 인력확보에 관련해서는 워낙 업종이나 규모면에서 입장이 다양하고 기존에 이미 진출했느냐 새로 진출하려고 하느냐에 따라 전혀 다른 입장일 것이므로 여기서는 개괄적인 현상이나 환경을 공유하는 정도에 한정지을 수밖에 없을 것 같다.

대부분 회사들이 처음 중국에 진출할 경우에 다수의 한국직원을 파견하여 어느 정도 기틀이 잡힌 후에는 단계적으로 한국직원 대신 중국직원들을 충원해 나가는 방식을 취하고 있다. 현지화 초기 단계에 파견된 한국 직원들은 현지채용중국인(현채인)을 육성하고 그들에게 기업문화를 심어 주는 중요한 임무를 갖게 된다.

비교적 일찍이 진출한 대기업의 경우는 그 기업의 명성과 조직력, 그리고 자금력 등이 뒷받침되어 우수인력을 확보하고 교육을 시키고 비전(vision)을 갖도록 함으로써 많이 안정된 셈이다. 그리고 중소기업의 경우도 제조업 중심의 단순 노동력에 의존한 진출의 경우에는 언어구사가 가능한 한국인이나 조선족 교포를 확보하여 잘 극복해온 기업들도 많다.

그렇지만 아직도 인(人)적인 문제로 고심하는 기업들이 여전히 많이 있고 심한 경우는 이로 인해서 사업을 철수하는 기업도 있다. 게다가 이제는 중국 내부의 기업 환경도 많이 달라졌다. 지금까지 주로 제조업에 해당되는 해외 투자기업에 대해서는 각종 특혜제도가 점차 폐지되는 방향으로 가닥을 잡아가고 있는데다가 근로자의 최저임금이 상승되고 노무관리도 점차 강화되고 있다. 인건비 절감을 고려히여 진출했던 기업에게는 타격이 클 수밖에 없다.

또 한편으로는 WTO 가입의 양허안에 따라 외상기업이 내수 도소매를 할 수 있도록 완전 개방되었다. 전략적으로 내수시장 진입을 목표로 하는 다양하고도 새로운 업종의 진출이 기대되고 있고 광고업과 금융업 그리고 요식업이나 프랜차이즈 사업 등 서비스

분야는 이미 상당한 진전을 보이고 있다. 이렇게 서비스 분야와 내수시장 중심으로 환경이 변해가는 만큼 경쟁도 치열해질 수밖에 없다. 경쟁이 치열하면 할수록 인재와 조직력에 대한 중요성은 더욱 커질 것이다. 이제는 단순히 언어문제 해결만 가지고는 경쟁에서 살아날 수 없는 환경으로 바뀌고 있다. 한중 직원 모두가 상호간의 문화적인 이해와 회사에 대한 확고한 소속감을 갖도록 해야 하고 이를 위해서는 현지채용 중국인(現採人) 확보와 처우개선에 있어서도 전략적인 변화가 요구된다.

최근까지 중국진출 기업들의 인력확보에 관한 일반적인 문제점을 살펴보면, 한국직원의 경우는 그동안 국내의 각 대학에서 배출된 수많은 중문과 출신들과 중국 현지에 가서 공부를 하고 돌아온 인력들 그리고 다른 회사에서 중국 업무를 수행한 경험이 있는 사람들이 무수히 많지만 정작 확보를 하려고 보면 마땅한 사람이 그리 많지 않다는 것이다. 더구나 새로 영입을 해야 하는 경우에는 본 기업에 대한 문화적인 바탕이나 지식이 없고, 중국에 대해 어느 정도 능력을 갖고 있는지 판단하기도 어렵고, 더 중요한 것은 그 사람의 미래의 애사심(愛社心)과 소속감에 대해서도 의문이 있다는 점이다.

어렵사리 우수한 인력을 확보하여 많은 경비를 무릅쓰고 파견을 보냈다 하더라도 기업의 입장에서는 일정기간이 지나면서 만족하지 못하는 예가 상당히 많다. 대부분이 기대했던 바에 못 미치고 한국식 논리에 잘 맞지 않을뿐더러 주로 중국이란 나라의 환경과 여건을 핑계로 삼는 경우가 많다는 것이다. 그렇다고 실적이 기대한 만큼 금방 나타나는 것도 아니다. 본사직원을 해외로 파견을 했을 때 일반적으로 그들에게 소요되는 경비는 급여의 1~2배 정도 더 들어간다. 우선 현지생활 수당이 있고 주택보조비며 자녀학비 등을 고려하지 않을 수 없다. 그러다보니 실컷 키워놓았다가 퇴직을 해버리면 회사입장에서는 손실이 여간 큰 게 아니란 생각도 하게 된다.

실제로 파견자가 불신을 주는 사례도 많다. 현지화 기반을 닦아가는 과정에서 일부의 한국직원들은 어느 정도 중국을 안다고 판단될 때쯤에 사적인 욕심으로 회사를 빠져나가 버리는 경우가 있고 심지어는 비공식적으로 두 개의 주머니를 차고 있는 사람들도 흔히 있다. 조직적으로 정비가 잘되어 있다는 대기업에서조차도 외주와 관련되는 특정부서의 사적인 비리 소문이 끊임없이 흘러나오고 있다. 소규모의 한국회사(외주회사)가 고안한 아이디어나 샘플을 받아다가 경비절감이란 명분으로 다른 중국회사에 넘겨서 제작하거나 대기업 담당자와 중소기업 간의 검은 커넥션이 작용을 하여 주변의 원성을 사는 사례도 적지 않다. 한국에서는 과거에나 볼 수 있었던 이러한 현상들이 현지화 과정에 있어서 중심에 있는 사람들로 인하여 자행되고 있다는 것은 참으로 안타까운 일이며 뿌리를 뽑아야 할 악습인 것이다.

파견자의 입장에서도 나름대로 고충이 없는 것은 아니다. 언어
능력은 있다고 생각했는데 막상 업무적으로 부닥쳐 보면 스스로
한계를 느끼게 되는 경우가 많다. 분야별 전문용어 하나하나가 모
두 중문으로 되어 있고 당장 계약서 하나를 작성해 놓고도 내용상
법적인 효력 범위를 벗어나는지 어떤지도 판단이 가지 않는 경우
가 많다. 행정관서 업무에 있어서도 법규정대로 완벽을 기하다가
는 도저히 마무리지을 수 없는 애매한 경우도 있다. 어느 곳 하나
도 시원스런 해답을 얻기가 힘이 든다. 결국에는 꽌시(關係)라는
것을 찾게 되고 그러다보면 거기에 들어가는 비용과 관련하여 비
리의 누명을 쓰게 되는 경우조차 생긴다. 논리적인 보고문화에 취
약한 현채인(現採人)에게 어느 특정분야에 대해 조사를 시켜 봐도
깔끔하게 정리된 보고서를 기대하기는 힘들다. 이렇게 비즈니스
환경이 다른 중국에서 일을 하다보면 본사와의 의견 충돌도 많아
지게 되고 결국에는 불만이 싹트고 다른 회사로 이직을 하거나 개
인사업을 꿈꾸게 되는 요인으로 작용하기도 한다.

현채인(現採人)과의 관계에 있어서도 어려움이 적지 않다. 우선
조선족동포의 경우에는 훌륭한 인재도 많이 있지만 한국 사람에
비해서는 조직문화에 대한 경험이 부족하고 전문지식이 비교적 약
하다. 그러다보니 융통성이 부족하고 고정관념이 강하여 본인이

갖고 있는 일정한 지식 이외의 것은 잘 인정하려 들지 않는다. 그런데다가 한국과는 사용하는 전문용어조차 많이 다르다 보니 통역 등 실제업무에 있어서도 잦은 오류를 범하게 된다. 조직구조로 보더라도 한국인은 대부분 관리자 위치이고 조선족 동포는 그 하부 조직으로 되어 있다. 한국인과 조선족 교포는 이질성도 있지만 같은 민족으로서 언어와 문화라는 큰 동질성이 형성되어 있다. 동질성이 많다가 보면 이성보다는 감성적인 면이 먼저 작용하는 경우가 많다. 자연적 늘 꾸중을 하고 꾸중을 듣는 관계로 인식하게 되고 시간이 흐를수록 감정의 골이 깊어지면서 상호간에 심각한 트러블로 이어지기도 한다.

한족의 경우는 조선족 동포에 비하면 우리와는 더욱 이질적인 문화를 가지고 있다. 다른 문화를 가진 사람들과 함께 호흡하며 조화를 이루어 나간다는 것도 쉬운 일이 아니다. 한족직원은 일반적으로 중국기업과의 임금격차 등을 이유로 외국인 회사에 입사를 하지만 소속감은 매우 약하다. 사회주의 체제하의 국유기업 근성이 남아 있어 업무추진 노력이나 책임감도 많이 떨어진다. 수직적인 관계보다는 수평적인 조직관계에 더 익숙하여 한국직원들의 태도에 대해서 마음속으로는 늘 불만을 가지고 있다고 해도 과언이 아니다. 따라서 더 좋은 조건을 제시하는 곳이 있으면 언제든 떠날 마음의 준비가 되어 있는 상태다. 대외업무 관계상 "우리 회사"이지 퇴근만 하면 그렇지 않게 생각하는 경우가 많다. 이러다 보니 특단의 노력이 없이는 애사심을 기대할 수도 없을뿐더러 조직관리나 능률면에서도 취약할 수밖에 없다.

몇 년 전의 일이다. 한국의 LG 축구팀이 중국에서 북경의 프로 축구팀인 "국안 팀(현재는 '북경 현대 팀'으로 바뀜)"과 친선경기를 한 적이 있다. 필자도 과거 LG전자에 근무했던 인연으로 경기장 입장권을 얻게 되어 동료 몇 사람과 함께 참관을 하게 됐다. 당연히 LG 응원석에 자리를 하게 되었고 LG에서도 천진공장에 근무하는 수백 명의 중국직원들을 동원하여 응원 연습까지 시켜서 우리와 같은 위치의 응원석을 꽉 메우고 있었다. 응원연습이 좀 부족했던지 경기 시작 전에 다시 몇 번을 반복하여 연습하고는 경기가 시작되었다.

그런데 처음 약 10분 정도는 응원을 하는 듯하더니 때마침 LG팀이 상대인 국안 팀의 골문을 향하여 슈팅을 하였으나 아깝게 비껴나가 성공하지 못하게 되자 의외로 우리 쪽 응원석은 너무나 조용하였고 다만 우리 몇 사람만이 동시에 "아휴~!"라고 아쉬움을 토로했다. 계속하여 이어지는 시간은 참으로 냉냉한 분위기로 흐르다가 얼마 후에는 결국 다시 LG가 슈팅을 하여 성공하자 이제는 일제히 "싸삐~!" "싸삐~!"를 연발하며 북경 국안 팀에게 욕을 하는 광경이 벌어졌다. 자신들이 소속된 LG 축구팀에 대해서는 응원연습을 시키니까 연습할 때까지는 따라했지만 막상 경기가 시작되면서부터는 금세 입장이 뒤바뀌어 버린 것이다. 상대인 북경 국안 팀은 어찌되었건 중국 팀인데 바보같이 왜 골(goal)을 먹느냐는 아쉬움의 표현으로 욕을 한 것이었다.

얼마가 지나자 응원석 뒤쪽에서 누군가가 조그만 물체를 던져 필자의 머리에 맞고 땅에 떨어졌다. 주워서 보니 휴지로 단단히 싸여진 조그만 쇳덩이 너트였다. 장난으로 받아넘길 수 있는 정도로 별일은 아니었지만 그 누군가는 LG응원단의 한 사람으로서 우리가 LG편을 응원하는 것이 몹시도 못마땅했던 모양이었다.

지금쯤은 많이 달라지긴 했겠지만 그 당시 그들의 마음속으로는 LG축구팀은 한국을 대표하고 북경 국안 팀은 중국을 대표한다고 아마 생각을 했을 것이다. 그리고 그 자신들은 친선경기의 의미보다는 "우리 중국"이란 작은 애국심이 먼저 발동했는지도 모르겠다.

이와 같은 인(人)적인 환경에서 중국에 처음 진출하여 어느 정도 현지화에 성공하기까지는 겪어야 할 어려운 난제들이 많을 수밖에 없다. 회사는 회사대로 파견자는 파견자대로 그리고 중국 현채인인 조선족동포와 한족 직원 역시 모두가 서로 다른 패러다임을 가진 구조이다 보니 항시 곳곳에는 불신과 불만이 도사리고 있는 것이다. 따라서 중국사업에 있어서 현지화 전략은 바로 이러한 불만의 고리로 연결된 조직에서부터 출발한다고 생각해야 한다. 본사와 파견자와 현채인 모두는 어떻게 사고(思考)를 일치시켜 나가고 어떻게 하면 조직력을 키워 나갈 수 있을까 하는 것이 일차적인 과제가 될 것이며 그 결과에 따라서 사업의 성패(成敗)도 갈라질 것이다.

현지화를 하기 위한 방안으로는 첫째, 제각기 다른 사고의 틀을 일체화시키고 조화를 이루는 데 많은 노력과 투자를 아끼지 말아야 하고 끊임없이 지속적으로 이루어져야 할 것이다. 사고의 틀이 일체화되어야 결속력이 생기고 소속감이 생기고 그로 인해서 업무 능률이 향상될 것이다. 적절한 프로그램을 도입하여 함께 참여하는 교육을 하고 일과 외에도 각기 다른 문화를 교류하는 장을 마련하는 것도 좋은 방법일 것이다.

둘째, 비전을 보여주어야 한다. 특히 현채인의 입장에서는 매우 중요하다. 흔히들 생각하기에 현채인은 수시로 직장을 옮기고 소속감이 없다고들 한다. 그러다 보니 채용을 해놓고도 데려다 쓰는 정도로만 생각해서는 업무적으로 손실이 더 클 수도 있다. 인재를 육성하고 해외(본사)출장이나 교육기회를 부여하고 사규(社規)에 따라 승진이 보장되도록 하는 등 본인의 노력에 따른 대가와 기회가 분명히 있음을 보여주면 책임감이 살아나고 태도도 달라질 것이다. 비전이 있으면 몸이 힘들더라도 마음은 즐겁다고 했다. 즐거움이 곧 패러다임을 변화시키는 가장 좋은 원동력이 될 것이다.

셋째, 처음부터 규정에 따라 상과 벌을 분명히 할 필요가 있다. 규정에 따라 상벌을 분명히 하게 되면 우선은 처벌을 받을 경우도 감정적으로 받아들이지 않는다. 규정에 따르지 않고 개인이 생각하는 기준으로 처리하게 되면 감정을 유발하게 되고 때로는 이러한 개인감정이 "한국인이 중국인을…" 하는 식으로 국민적인 감정으로 번지는 경우가 있기에 특히 신경 써야 할 부분이다.

넷째, 예절과 겸손으로 대해야 한다. 내가 더 많은 지식을 가지고 더 높은 지위일지라도 상대에게 예절과 겸손으로 대하면 중국인들은 이를 깊이 새겨 둔다. 이는 현채인 직원에 대해서만이 아니라 대외적으로도 마찬가지다. 중국에서 세간에 자주 회자되는 꽌시에 따른 성공사례를 보더라도 예절과 겸손의 바탕 없이 성공한 경우는 거의 없다. 예절과 겸손에 대해서는 과거 LG전자 중국대표를 지냈던 노용악 회장님도 함께 식사하는 자리에서 자주 강조하였던 얘기다.

다섯 번째로는 지역적인 특성도 잘 고려해야 한다. 다수의 근로자가 요구되는 업종의 경우에는 인력난으로 인하여 타 지역 사람들을 대거 채용하다 보면 이직률이 높아서 효과적인 교육을 하기 어렵다. 업종에 따라서는 꼭 필요한 전문 인력을 확보하기조차 어려운 경우가 많다. 그리고 중국은 지방 텃세가 강한 편이기 때문에 업무성격상 행정기관이나 그 산하단체와 잦은 접촉이 요구되는 업

종이라면 해당 부서의 직원은 가급적 그 지방 사람을 기용하는 것
도 중요하다. 심지어는 경비직이나 운전기사도 그 해당지역 사람
으로 채용하는 것이 유리하다.

마지막으로는 한국인 현지채용도 매우 좋은 방안이 될 수도 있
다. 이전과는 달리 중국 현지에 거주하는 한국인 중에서도 이제는
능력을 갖추고 있는 사람들이 제법 많다. 일단은 현지 문화와 관습
에 대해서 어느 정도 적응된 상태이고 중국인들과 어울릴 수 있는
기초가 되어 있다. 현지채용 한국인에 대해서는 별도의 수당이 없
이 채용함으로써 경비 부담도 줄일 수 있다. 여기서도 고려해야 할
점은 지금까지의 사례를 볼 때 현지 한국인을 채용해서 성공한 경
우도 많지만 실패한 사례도 많다는 것이다. 실패의 가장 주된 원인
은 현채 한국인의 입장에서 볼 때에 파견된 직원이나 본사직원에
비해 임금이나 승진 등 각종 대우에 있어서의 상대적인 소외감, 중
국을 잘 모르는 회사의 경우는 문화적인 차이에서 비롯되는 업무
적인 충돌, 사회적 관습이나 의식의 차에서 오는 외부로부터의 각
종 유혹 등이 작용하기 때문이다. 따라서 현지 한국인을 채용할 때
에는 주변 인물들을 통한 자질이나 인성검증도 필요하겠지만 입사
후에도 한국 파견 직원에 비하여 차별의식이나 불리한 측면을 최
소화시킬 수 있는 별도의 제도마련도 매우 중요하다.

중국진출은 쉽게 생각할 수도 있지만 현지화의 성공은 그리 쉽

지 않다. 지금까지 많은 사례들을 보아도 그렇다. 중국사회에 적응하는 것으로부터 중국인을 움직이고 중국에서 뿌리를 내리고 성공을 거두기까지는 각고의 노력과 지혜가 필요하다. 표현만으로는 쉽게 '문화차이'라고 하지만 실제로 서로간의 다른 문화를 극복하고 수용하고 전파하며 성과를 이룩해 나가는 일은 여간 어려운 일이 아니다. 그것도 개인이 아니라 조직원 모두가 체질화되어야 한다. 기업은 기업 나름대로 파견자나 현채 한국인은 또 그 나름대로 작심하는 자세와 의식을 가질 때만 현채인의 마음을 움직일 수 있을 것이며 함께 조화를 이룰 수 있는 것이다.

지금까지 설명한 현지화의 중요성에는 인적 자원 외에도 여러 가지가 더 있겠지만 꼭하나 덧붙여 강조하고 싶은 것이 있다면 현지화 이전에 중국 진출을 시작할 때부터 성공하든 실패하든 "내"가 혹은 "우리"가 직접 추진한다는 자세로 임할 것을 권한다. 먼저 진출한 믿을 만한 사람이 있다고 해서, 좀더 경험이 많다고 해서 그들에게 자금과 권리마저 이양하는 진출 방식은 절대로 좋지 못하다. 형식적으로는 "계약서"를 통해 권리가 보장된다고 하더라도 실질적인 보장이 가능한지도 생각해 봐야 한다. 굳이 그런 상대가 필요하다면 조언을 받거나 그렇지 않으면 충분한 대우를 하더라도 영입을 하는 편이 낫다고 생각한다. 그것도 여의치 못할 경우는 좀더 공부를 하면서 기회를 기다리는 것이 낫다. 다시 말하면 "나"와 "우리"의 현지화가 성공하지 않는 한 타의에 의한 현지화는 내 것

이 아니라 결국에 가서는 남의 것이 되어 버리고 남는 것은 아픔뿐
일 가능성이 높다.

　처음 출장을 다닐 때 느끼는 중국과 막상 중국 속에 동화하여 살
아가면서 느끼는 중국은 참으로 많이 다르다. 중국이 지리적으로
나 경제적으로 아무리 가깝고 또한 수많은 동포들이 살고 있는 곳
이라 할지라도 제도가 다르고 문화가 다르고 생각하는 방식이 다
른 나라임을 한시라도 잊어서는 안 될 것이다. 이미 많은 한국인이
정착하고는 있다지만 그들 역시 좀더 경험이 있을 뿐이지 중국인
을 대신하지는 못한다. 그렇다고 그들이 "나" 혹은 "우리"의 꿈을
대신해 줄 수 있는 입장도 아직은 아니라고 본다. 따라서 충분히
검토하면서 다소 늦더라도 직접 진출하여 제대로 뿌리를 내리는
것이 최선의 길이라 생각한다.

결제방식

중국에서 사업을 하고 있는 많은 사람들이 한결같이 말하는 어려움 중의 하나가 거래방식에 있어서의 신용문제이다.

특히 제품판매를 하는 입장에서 현금거래냐 외상거래냐에 대해서는 이구동성으로 현금거래가 아니고는 생각도 하지 말라고 한다. 그리고 현금거래를 하더라도 원거리의 경우는 돈과 물건을 어떻게 주고받을 것인가가 또 하나의 관건이다.

은행으로 입금을 받는 경우, 제품을 먼저 보내고 나면 돈이 입금될 때까지 피를 말리는 고통을 감내해야 하고, 그렇다고 없어서 못 파는 정도의 인기 있는 물건이거나 누구나 인정하는 대기업이거나 하면 선입금을 요구할 수도 있겠지만 어렵사리 중국에 진출하여 시장개척을 하고자 하는 중소업체의 경우라면 이 역시 간단치가 않다.

실제로 중국에 진출한 많은 기업들이 물건을 미리 발송하고 입금을 못 받은 사례들이 많이 있고 심지어는 은행 입금 영수증을 먼저 팩스로 받고 물건 발송을 한 경우에도 나중에 보면 입금이 안 되는 경우도 더러는 있다. 이는 구매자가 은행에 송금의뢰를 하고 송금영수증 원본을 복사한 후 금액의 오차나 기타 이유로 송금 중지를 요청하면서 원본은 은행에 반납하고 복사본을 팩스로 보내는 방법, 혹은 과거에 다른 거래처에 사용하였던 영수증을 위조 복사하여 보내는 방법 등등 여러 가지 방법을 동원하기도 한다. 처음부터 계획적으로 떼어먹을 작정으로 하는 악질적인 경우도 있고 또한 당장 다른 용도로 사용할 자금이 급한 경우 먼저 사용을 하고 나중에 보내주는 경우도 있지만 어쨌든 신용상의 문제가 되는 것은 사실이다.

그래서 직간접적으로 이런 경험을 해본 사람들은 아예 미리 현금을 받지 않고는 절대 거래를 하지 말라는 조언을 쉽게 하게 되는데 막상 중국에 진출하여 거래 상담을 하는 입장에서 생각해보면 '과연 그렇게 쉬울까?' 하는 생각이 든다. 누가 생각을 하더라도 산업 분야별 거래 관행이란 것이 있고 거래규모의 정도나 판매제품의 특성이나 성격에 따라 그에 걸맞은 거래방식이 있고 또한 경쟁원리가 존재하고 있을 텐데 이를 거스르고 무조건 현금이나 선입금만 고집한다고 하면 과연 시장진입을 할 수가 있을까 하는 의구심이 먼저 들 것이다.

실제로 중국 거래상들은 신용구매를 선호하고 또 그렇게 요구를 하지만 판매자의 입장에서는 현금으로 은행 선입금 혹은 현장거래를 원칙으로 하는 것은 위험을 피하는 가장 좋은 방법인 것은 맞다. 하지만 막상 거래를 하자면 이에 따른 거부반응도 만만치가 않다는 것이다.

그렇다면 어떻게 할 것인가? 언제나 현금 다발과 물건을 동시에 맞바꾸거나 은행을 통한 선입금만을 요구할 것인가? 아니면 거래를 하지 말 것인가?

중국을 경험한 많은 분들이 쉽게 조언을 하는 현금거래/선입금만으로는 해결이 되지 않는다는 것이 문제이다. 어느 나라 어느 곳이든 차이는 있을 수 있지만 당연히 신용거래란 있게 마련이고 중국 내에서도 특히 중국 회사 간에는 매우 빈번히 이루어지는 신용거래를 피하기만 해서는 될 일이 아닌 관계로 이 문제에 대해서는 기업의 입장에 따라 많은 연구와 전략이 필요하다고 생각된다.

반대의 입장에서 구매를 할 경우를 생각해 보자. 중국에서 제조업을 하거나 인테리어 사업을 하는 경우 대부분 현지에서 자재구입을 해야 할 것이다. 이런 경우도 과연 100% 현금으로 선(先)지불을 하고 구매를 할 것인가. 경우에 따라서는 자금흐름이나 운용상 현금조달이 원활하지 않은 경우도 있을 테고, 또한 동일업종의 다른 기업들의 관행이나 경쟁도 있을 것이므로 현실적으로는 그렇지 못한 경우가 더 많을 것이다. 그러므로 중국에서 제품 판매를 하는 데 있어서 많은 사람들이 조언을 하는 "철저한 현금 거래"란 그만큼 신용상의 위험이 크고 법적인 뒷받침이 아직은 부족하므로 좀 더 조심을 하고 위험에 대비하는 전략이 필요하다는 말로 해석하는 것이 맞을 것 같다.

중국은 기업의 자산인 현금을 은행에 예치해 놓았다 하더라도 아무 용도로나 현금으로 마음대로 인출할 수 있는 것이 아니다. 회사 간 거래에 있어서는 은행을 거쳐서 대금을 지불하도록 하기 위하여 '현금관리잠행조례'에 의거하여 지표(支票, 수표와 유사)나 회표(匯票, 환어음과 유사) 등을 사용하도록 한다. 특히 지표의 경우는 거래회사 간의 위치에 따라 사용이 제한되어 있어서 지불해야 할 거래처의 소재지가 다른 성(省)인 경우에는 사용할 수 없다. 따라서 현실적으로 100% 현금거래란 기대하기 힘들게 되어 있으므로 다양한 결제 수단을 사전에 숙지하고 아울러 시장경쟁력 확보차원에서도 각종 전략적 거래방안을 수립한 후 거래에 임하여야 할 것이다.

현금을 제외한 거래대금 회수 방법에 있어서는 다음과 같은 여러 방식이 있다.

첫째, 가장 흔히 활용하는 방법으로 중국의 어음수표법을 이해하고 경우에 따라 적절한 방법을 채택하면 될 것이다.

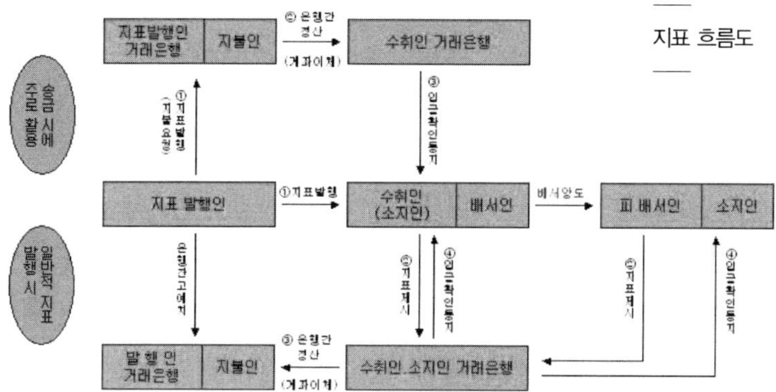

지표 흐름도

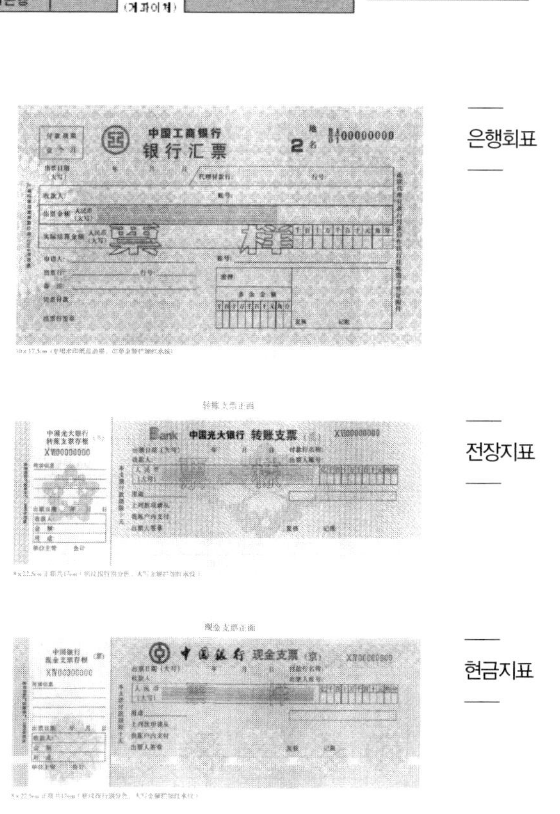

은행회표

전장지표

현금지표

중국의 어음수표법상의 결제수단은 크게 본표(本票, 약속어음과 유사), 지표(支票, 수표와 유사), 회표(匯票, 환어음과 유사)로 나눌 수 있는데 본표는 실제 거의 사용되지 않으며 지표나 회표를 주로 사용한다.

지표(支票, 즈퍄오)는 우리나라의 수표와 유사한 것으로서 거래 고객이 은행에 예치된 예금을 근거로 발행하는 어음이다. 이는 다시 현금지표(現金支票, 셴진즈퍄오)와 전장지표(轉帳支票, 쫜장즈퍄오)로 나누어지는데, 현금지표는 회사 운영상 꼭 필요한 비용, 즉 직원 임금이나 출장비 등이나 소액 결제용으로 현금 송금이 필요한 경우처럼 그야말로 현금이 필요하여 은행으로부터 현금을 인출할 때 사용하는 지표이며 거래에 주로 사용하는 지표는 전장지표이다. 전장지표는 계좌 이체용 지표로서 수취인 혹은 소지자는 발행일로부터 10일 이내에 은행에 제시하여 지급요청을 하여야 하며 기본적으로 동일 성급(省級) 내에서만 사용 가능하다. 단 북경(北京, 베이징)지역의 경우 인접한 천진(天津, 톈진)이나 랑방(廊坊, 랑팡)지역간에는 통용이 가능하다. 그리고 피배서인에게 배서전양(背書輾讓), 즉 배서양도도 가능하다. 따라서 전장지표는 유효기간도 매우 짧고 동일 성급 내에서만 사용 가능한 관계로 원격지 거래에서는 거의 사용되지 않는다.

전장지표를 발행할 때 만약 은행에 예치된 예금 잔액을 초과하여 발행하는 경우는 부도지표로서 형사처벌을 받도록 법으로 규정되어 있으며 또한 발행 날짜를 연기하여 기입하는 원기지표(遠期支票, 공식명칭은 아님)도 역시 불법이나 더러는 편법으로 활용하는 방법이며 실제로도 처벌을 받은 예는 거의 없는 것으로 알려져 있다.

참고로 만약 결제대금으로 전장지표를 받아 기한 내에 은행에 제시했는데 은행에 전장수표 발행 기업의 구좌에 잔고가 없는 경우에는 지불 거절을 당하며 이럴 경우 중국에서는 부정수표 단속법이 없는 관계로 전장지표 발행 기업이 편취를 목적으로 발행했다는 명확한 증거, 즉 사기죄에 해당하는 증거를 제시하지 못하는 한은 형법상의 사기죄로 형사처벌을 주장하기는 어렵고 민사소송으로 변제책임을 추궁하는 방법밖에 없다. 만약 고의로 타인의 재산을 편취할 목적이 명확한 지표의 변조나 위조 혹은 부도수표(空頭支票)를 발행한 경우는 당연히 형사범죄에 해당하므로 사기죄로서 형사처벌의 대상이 된다. 이런 위험요소로 인하여 중국에서는 거의 현금에 가까운 전장지표도 잘 모르거나 신용이 없는 회사 혹은 작은 회사의 지표는 꺼리게 되는 것이다.

회표(匯票, 후이퍄오)는 원격지, 즉 성(省)과 성 간에 거래에 있어서 지불수단으로 주로 활용되며 은행회표, 은행승태회표, 상업승태회표로 나누어진다.

은행회표(銀行匯票, 인항후이퍄오)는 일정한 자격을 구비한 기업이나 개인의 은행 담보를 기초로 하여 은행이 발행하고 지불보증을 해주는 어음, 즉 환어음과 유사한 것이다.

중국에서 원격지 거래시 가장 많이 활용하는 방법으로서 그 기본적인 규정으로는 은행회표를 소지한 자가 해당 은행에 가서 제시하면 일람출급으로 결제가 이루어져 즉시 전장(轉帳) 즉 계좌이체가 된다. 만약 지급인과 수취인이 모두 개인인 경우는 은행회표 상에 "현금"이란 문구를 명시할 수 있으며 이 경우는 수취인이 바로 현금으로 인출 가능하다. 그리고 유효기간은 발행일로부터 1개월 이내이며 피배서인에게 배서전양(背書輾讓), 즉 배서양도도 가능하다.

용도 및 특징으로는 활용 범위가 매우 넓고 다양한 용도로 사용할 수가 있으며 소지하고 다니면서 물건 구매도 가능하고 사용한 금액 이외의 잔액은 자동으로 은행 잔고로 되돌아온다.

은행승태회표(銀行承兌匯票, 인항청뚜이후이퍄오)는 해당 은행에 계좌가 있고 자격요건을 구비한 지급인(법인 혹은 기타 조직)의 명의로 발행하고 은행에서는 정해진 기일 내에 정해진 금액을 무조건 수취인 혹은 소지인에게 지불할 것을 보증해 주는 기한부(Usance) 조건 어음으로서 만기일 이후 10일 내에 결제가 가능하다. 최장 만기일은 6개월 이내이며 역시 피배서인에게 배서전양, 즉 배서양도도 가능하다.

용도 및 특징으로는 유통성이 강하고 사용 범위가 광범위하여 동일 성급(省級) 내에서나 다른 성(省) 간의 원격지 거래에까지 모두 많이 사용하는 방법으로 사용 한도금액이 주로 큰 경우에 많이 사용하며 은행마다 약간의 차이는 있을 수가 있지만 일반적으로 한 장당 1000만 위엔까지 가능하다. 소지인이 현금이 필요할 경우 만기일 전에 어음할인도 가능하다.

상업승태회표(商業承兌匯票, 상예청뚜이후이퍄오)는 수취인 명의로 발행하고 지급인의 승낙을 통하여 수취하거나 혹은 지급인 명의로 발행하고 승낙하는 방식이 있으며 이는 은행을 경유하되 은행에서 지불보증을 해주는 것은 아니므로 특별한 신용관계에 있는 기업 간에 주로 사용되는 기한부 어음이다. 역시 어음 만기일 이후 10일 내에 결제가 가능하며 최장 만기일은 6개월 이내이며 피배서인에게 배서양도가 가능하다.

용도 및 특성으로는 동일 성급(省級) 내에서나 다른 성(省) 간에 사용 가능하고 만기일 전에 어음할인도 가능하다.

다음으로 거래대금을 회수하는 방법 중 전략적인 방법을 생각해 본다면 기입의 입장에 따라 가격 경쟁력이나 기타 유리힌 조긴을 담보로 하여 현금이나 전장지표 혹은 은행회표, 은행승태회표를 받는 쪽으로 유도하는 방법도 생각해볼 수 있다. 또한 소규모이면서 원거리 거래의 경우 판매물건을 구매회사에 전달하는 시점과 은행을 통한 판매대금 입금 시점 불일치에 따르는 문제는 물류회사와의 별도계약으로 판매회사의 구좌에 입금확인이 되고 난 후 판매회사가 물류회사에 서면 통지를 하면 그때 물류회사가 판매물건을 구매회사에 넘겨주는 형식도 실제로 많이 활용되고 있다. 이 방법은 T/T 결제조건의 수출의 경우에 있어서도 수출회사와 선적회사 간에 자주 이용되는 방법이기도 하다.

거래에 있어서 위험을 줄이는 방법으로서는 산업의 분야별, 각자의 입장이나 거래규모, 거래 상호간의 신용의 정도 등등에 따라 여러 변수가 있을 수 있겠지만 우선은 가장 기본적인 법적 근거가 되는 계약을 정확히 맺어둘 필요가 있다. 계약서는 업체 규모에 따라 때로는 영문을 사용하기도 하나 중국 내 거래에 있어서는 대부분 중문으로 작성하는 것이 관행으로 되어 있다. 중국어는 어떻게 해석을 하느냐에 따라 달라지는 불분명한 경우가 있고 또한 중국은 다른 나라에 비해 계약법상 계약을 무효화시키는 규정들도 많이 있다. 따라서 처음인 경우에는 전문가의 도움을 받거나 법률 전문가가 만든 양식을 활용하여 작성하고 정확한 번역을 하여 꼼꼼히 살펴보는 것이 안전하다. 그리고 거래 추진 과정에 있어서도 각종 통신 내용들을 가급적 서면으로 기록하고 확인하여 유사시 근거자료로 활용할 수 있도록 하여야 한다. 계약서 서명 날인에 있어서도 가끔은 실질적으로 아무런 법적 권리도 없는 제3자가 서명을 하여 낭패를 보는 경우도 있으므로 상대방 계약 당사자가 합법적으로 권리를 갖고 있는 자인지도 확인되어야 한다.

세무상식

증치세

증치세란 우리나라의 부가가치세에 해당한다. 물품을 거래하거나 가공을 하거나 수리를 할 때 발생되는 가치의 증가분에 대한 세금이 이에 해당한다. 그러나 노무용역이나 무형자산 등에 대한 유상 거래에 있어서는 주로 별도의 세목인 영업세로 부과한다.

증치세의 기본세율은 17%를 기준으로 하고 있으나 제품수출과 수출용 수입원자재 대해서는 국무원이 별도로 정하는 특별품목을 제외하고는 우리나라와 같이 영세율을 적용한다. 그리고 〈외상투자산업지도목록〉에 따른 투자프로젝트를 추진하기 위해 구매하는 중국산 설비에 대해서도 영세율을 적용하여 환급받을 수 있다. 또한 서적, 잡지, 식용곡물, 연료용 가스류, 연탄 사료, 화학비료, 농약, 농기계, 농업용 필름 등이나 기타 국무원이 별도로 정한 품목에 대해서는 경감세율로 13%를 적용하는 것들도 있다.

납세자는 크게 일반납세자와 소규모납세자로 분류된다. 일반납세자는 증치세 전용 세금계산서를 사용하고 매출세액에서 매입세액을 공제하거나 환급받을 수 있다. 그러나 소규모 납세자는 한국의 간이과세자와 유사한 것으로 재화의 제조나 과세용역에 종사하는 납세자, 재화의 제조나 과세용역에 종사하면서 도소매업도 겸영하는 업체로서 연간 과세매출이 100만 위엔 이하인 경우, 그리고 도소매업에 종사하면서 연간 과세매출이 180만 위엔 이하인 영세한 업체가 이에 해당된다.

소규모납세자의 납부세율은 도소매업의 경우 4%이고 기타 대부분은 6%를 적용한다. 일반납세자가 주로 17% 혹은 일부품목에 대해서 13%를 적용하되 매출세액에서 매입세액의 공제가 가능한 반면에 소규모납세자는 과세 매출액에 세율을 곱하여 납부하며 매출세액에서 매입세액 공제를 할 수 없다.

영업세

영업세는 대가를 받고 과세용역제공을 하거나 무형자산의 양도 혹은 부동산 매도가 이루어질 경우에 부과되는 세금이며, 매출액 전액에 대해 해당 과세품목별로 중앙정부나 지방정부에서 설정한 세율에 따라 부과하는 것으로서 증치세와는 다른 개념이다.

:: **영업세 세율표**

(단위:만명)

과세 품목	과세 범위	적용 세율
교통운수	육상, 수상, 항공, 하역 및 인도	3%
건설	건설, 설치, 장식 및 기타 기술용역	3%
금융보험		5%
우편통신		3%
문화체육		3%
오락유흥	노래방, 나이트, 가요반주, 음악다방, 당구, 골프, 볼링 및 오락시설	5~20% 10%(북경)
서비스	대리업, 호텔, 음식업, 여행업, 창고업, 임대업, 광고업 및 기타용역	5%
무형자산 양도	토지사용권, 특허권, 상표권, 저작권 및 영업권의 양도	5%
부동산 판매	건물 및 기타 토지부착물의 판매	5%

소비세

우리나라의 특소세와 유사한 개념의 세목으로서 〈중화인민공화국 소비세 잠행조례〉가 정하는 소비재를 생산, 위탁하거나 수입하는 경우에 과세되며 주로 사치품목이나 고가품목, 정부에서 특별

:: **소비세 세율 변경표** (2006. 4. 1. 적용)

과세 품목	과세 범위	적용 세율
담배	모든 수입권련 포함	30~45%
주류 및 에틸알코올		5~25%
화장품	고급 피부제품 포함	30%
고가장식품, 귀금속	금, 은, 진주, 귀금속 장식품	10%
폭죽 및 폭염		15%
석유		¥0.2/리터
디젤유		¥0.1/리터
자동차 타이어		3%
모터사이클		3%(250cc이하) 10%(250cc이상)
소형	승용차	3~20%
중 경형 상용승합차		5%

:: **신설 소비세 세율** (2006. 4. 1. 적용)

과세 품목	적용 세율	비 고
골프공 및 골프용구	10%	고급 소비품
고급 손목시계	20%	사치품
유람선	10%	고급 소비품
목재 일회용 젓가락	5%	산림자원 보호
실목 바닥재	5%	생태환경 보호
나프타, 용제류, 윤활유	¥0.2/리터	기존 석유는 불변
항공유, 연료류	¥0.1/리터	기존 디젤유는 불변

한 목적으로 지정한 품목 등이 해당된다. 중국정부는 1994년 소비세 개혁 이후 2006년 3월 20일 소비재 품목 신설 및 기존 품목에 대한 세율을 조정하는 '재정부 및 국가세무총국의 소비세정책을 개선하기 위한 정책통지 재세[2006] 33호'를 발표하고 2006년 4월 1일부터 집행한다고 하였다.

기업소득세

과세연도의 총 수입금에서 원가, 비용 및 손실을 공제한 후의 잔액을 '과세소득'이라 하며 기업소득세(국세)는 과세소득의 30%를 적용하며, 지방소득세는 과세소득의 3%를 적용한다. 그리고 경제특구, 경제기술개발지역 내에 설립된 제조성격의 외국인 투자기업은 15%의 경감세율을 적용하고 연해경제개방구역, 경제특구, 경제기술개발구가 소재해 있는 구 도시지역 내에 설립한 제조성격의 외국인투자기업은 24%, 이 중에서 에너지, 통신, 항만 등 국가가 장려하는 사업을 영위하는 경우는 다시 15%의 경감세율을 적용한다. 대체적으로 보면 국가급 경제개발구는 15%, 성급이면 24%로 볼 수 있다.

중국 정부는 2006년 들어서부터는 내자기업과 외자기업의 세율을 단일화하여 24~28%정도의 세율로 일괄적으로 적용하는 안을 제정하겠다고 발표함에 따라 2006년 8월 전인대 상무위원회에서 확정하고 늦어도 2008년부터는 적용될 전망이다. 따라서 기업소득세의 단일화는 외자기업에게는 전에 비해 부담이 증가하는 셈이 되며 내자기업에게는 부담이 줄어들게 되는 관계로 특히 내자기업과의 경쟁관계에 있는 분야의 진출에 있어서는 각별한 검토가 요구된다.

개인소득세

중국 국무원은 2005. 12. 29. 개인소득세실시조례를 개정 공포하여 소액급여소득자의 과세부담을 줄이는 한편 연소득 12만 위엔

을 초과하는 납세자에 대해 세무당국에 신고를 의무화하여 고소득
층에 대한 세제 관리강화 지침을 종전보다 엄격히 하였다. 필요경
비 인정범위에 해당하는 공제범위를 높여 중국인의 급여소득에 대
한 기본공제액을 종전의 800위엔에서 1600위엔으로 인상하였으
며 외국인에 대해서는 기본공제액에다 부가공제액 3200위엔을 추
가하여 종전의 4000위엔에서 4800위엔으로 조정하였다.

한편 중국 세무당국은 외국인에 대한 세무관리도 강화하는 방안
으로 2006년 중점 세무조사 대상 8개 항목으로 외상 투자기업 및
개인소득세가 포함되어 앞으로 외국 국적의 개인소득에 대한 관리
도 한층 강화해 나갈 것으로 보인다.

개인소득은 급여소득과 기타 개인소득으로 크게 나눌 수 있으며
기타 개인소득으로는 노무보수소득, 원고료소득, 특허권사용료소
득, 임대소득, 재산양도소득, 이자 및 배당소득, 일시적 발생소득,
국무원재정부문이 징세하기로 확정한 기타의 소득 등이 있으며 통
상 20%의 세율을 적용한다.

급여소득에 대한 개인소득세 산정 방식에 있어서는 9등급별로
나누어 누진세율을 적용하며 급여소득에 대한 과세방식은 다음과
같이 적용된다.

:: **개인소득(급여) 세율표**

등급	월 과세소득액	세율(%)	속산 공제 수
1	￥500 이하	5	0
2	￥500 초과~￥2,000 이하	10	25
3	￥2,000 초과~￥5,000 이하	15	125
4	￥5,000 초과~￥20,000이하	20	375
5	￥20,000 초과~￥40,000 이하	25	1,375
6	￥40,000 초과~￥60,000 이하	30	3,375
7	￥60,000 초과~￥80,000 이하	35	6,375
8	￥80,000 초과~￥100,000 이하	40	10,375
9	￥100,000 초과	45	15,375

* 주 : 본표의 월 과세소득액은 월 급여소득에서 기본공제 및 부가공제(외국인의 경우) 후 잔
액으로 과세에 해당되는 소득액을 뜻한다.

※ 개인 급여소득세 계산 방법 실례 (월 급여액이 ￥10,000인 외국인
의 경우)

과세소득액＝월 급여액(￥10,000)−기본공제액(￥1,600)

−부가공제액(￥3,200)＝￥5,200

여기서 납부해야 할 납세액 계산 방식은 다음과 같이 두 가지가
있다.

⑴ 속산 공제 수를 활용하는 방식

납세액＝(과세소득액×적용세율) − 속산 공제 수

＝(￥5,200 × 0.20) − ￥375

＝￥665

⑵ 등급 단계별로 합산하는 방식

납세액＝￥500×0.05 + (￥2,000−￥500)×0.1 + (￥5,000

− ￥2,000)×0.15 + (￥5,200−￥5,000)×0.2

＝￥665

이 외에 우리나라의 개인사업자에 해당하는 개체공상호의 소득은 매입액과 비용, 손실을 제외한 나머지 소득에 대하여 다음과 같이 세율을 적용한다.

· ￥ 5,000 미만:　　　　 5%

· ￥ 5,000−￥10,000 미만: 10%

· ￥10,000−￥30,000 미만: 20%

· ￥30,000−￥50,000 미만: 30%

· ￥50,000 초과:　　　　 35%

노무관리

　　중국의 노동법은 1994년 8차 전인대(전국 인민 대표자 대회) 상임위원회 8차회의를 거쳐 주석(主席)령으로 통과하여 1995년 1월 1일부터 시행함으로써 올해로 11년째를 맞고 있다.

　　그동안 외자기업 유치를 위해 외상기업에 대해서는 비교적 느슨한 법적용을 해오던 것도 앞으로는 한층 강화할 조짐이다. 각국의 외자기업이 몰려 있는 동부 연안지역의 특구나 개발구에서는 수차례에 걸쳐 기업별 담당자를 대상으로 교육을 실시하고 있으며 이미 공포되어 시행에 들어간 노동법에 대해서도 다시 시범기간까지 주어가며 그 이후부터는 강력하게 시행하겠다는 의지를 보이고 있다. 지역별 최저임금 표준을 올리고 연장근로 기준이 강화되고 각종 사회보험제도를 강화하여 기업부담도 가중되는 추세이다.

노무자들도 임금은 물론 복지제도와 생활환경에까지도 과거보다는 많이 다른 시각을 가지고 있다. 지역에 따라서는 인력수급에 차질을 빚을 정도로 인력난이 심각한 경우도 생겨나고 있다. 대규모 노동인력을 유지해야 하는 제조업의 경우에 특히 기업 내부적으로는 경영방식에서부터 노무관리에 이르기까지 자본주의 방식과 사회주의 방식의 차이에서 오는 갈등이 자주 나타나기도 한다. 한국의 노동조합과 유사한 공회(工會) 역시 과거의 형식적인 성향에서 점차 그 위상을 달리하고 정부에서도 적극 권장하고 나섰다.

이와 같이 과거와는 달리 앞으로 중국의 노무관리를 이해하지 않고서는 기업 활동에 있어서 상당한 제약을 받게 될 것이다. 따라서 새로 중국을 진출하고자 하는 기업이 알아야 할 기본적인 사항을 중심으로 알아보자.

1. 근로자 채용

〈중국인 채용〉

▶ 원칙적으로는 타 지역 호구를 가졌거나 타 회사에 근무하고 있는 근로자 채용은 상당한 제한을 두고 있으며 이런 근로자를 채용할 경우에는 해당 행정적 절차를 밟아 채용해야 한다.
▶ 채용 근로자는 취업증을 발급해 주어야 하고 타 지역 근로자의 경우는 공안국에서 발급하는 잠주증(暫住証, 임시거류 증명서)을

받아 주어야 한다.

〈외국인 채용〉

▶ 노동관리국에서 발급하는 "취업허가증"을 먼저 취득하고 취업
비자를 발급받은 후에 "외국인 취업증"과 "외국인 거류증"을 취
득하여야 합법적으로 중국 경내에서 생활할 수 있다.

2. 근로 계약

▶ 근로계약은 중국정부의 중점 감독사항의 하나로서 법적으로 체
결하도록 되어 있으며 7가지 필수 기재사항이 있다.
 • 근로계약 기간
 • 업무 내용
 • 노동보호 및 근로조건
 • 임금사항
 • 회사노동 규율제도
 • 근로계약 종료조건
 • 근로계약 위반책임

▶ 근로기간에 관해서는 일정기한을 확정하는 계약, 기한확정이 없
는 계약, 특정작업에 대한 완료를 조건으로 하는 계약으로 구분
된다. 근로기한 확정은 6개월, 1년, 2년 등의 기간으로 정하며

기한 종료시 연장 및 재계약이 가능하다.

만약 근로계약을 체결하지 않을 경우는 무기한 근로계약을 체결한 것으로 간주되어 회사와 근로자 간에 근로관련 이해관계가 발생했을 때는 근로자에게 유리한 해석을 하는 것으로 규정되어 있으므로 특히 신경을 써야 할 사항이다.

▶ 근로계약 기간별 시용기간(試用期間, 수습기간)을 설정할 수 있으며 이는 근로계약 기간별, 지역별 기준이 조금씩 다르다. 그리고 시용기간 중에는 근로해지가 가능하다.

:: **주요 지역별 試用기간**

	6개월 미만	6개월~1년 미만	1년~2년 미만	2년 이하~3년 미만	3년 이상~10년 미만	10년 이상
북경시	15일 이하	15일 이하	60일 이하	6개월 이하	6개월 이하	6개월 이하
상해시	설정금지	1개월 이하	3개월 이하	3개월 이하	6개월 이하	6개월 이하
천진시	6개월 이하					
심천특구	3개월 초과금지, 특별요구가 있는 경우 연장가능하나 최대 6개월 이하					
노동법령	15일 이하	30일 이하	60일 이하	최장 6개월 이하		

3. 근로 시간

▶ 근로시간은 주 5일제 주당 40시간을 기준으로 하며 1일 3시간, 월 36시간을 초과하지 않는 범위 내에서 연장근로 가능.

- 평일 연장근로 수당: 임금의 150%(50% 가산)를 초과수당으로 지급.
- 휴일 근로 수당: 다른 날로 휴일을 대체하거나 임금의 200%(100% 가산)를 초과 수당으로 지급.
- 법정 휴일 수당: 다른 날로 대체 불가능하며 임금의 300%(200% 가산)를 초과수당으로 지급.

▶ 토요일, 일요일은 주휴일이며 1년 중 10일간의 법정 휴일(의무사항), 약정휴일(임의사항).

- 법정휴일: 신정(元旦, 1일간), 춘절(春節, 3일간), 노동절(五一節, 3일간), 국경절(十一節, 3일간)
- 약정휴일: 추석, 회사 창립일 등

▶ 법정휴가(의무사항) 및 약정휴가(임의사항)

- 법정휴가: 결혼휴가, 상례휴가, 출산휴가 등
- 약정휴가: 탐친(探親)휴가, 생리휴가가 있으며 탐친 휴가는 가족 특히 부부간에 멀리 떨어져 생활하는 경우에 해당하는 휴가.

▶ 연차유급휴가: 지방 정부별 규정으로 시행하기도 하며 국무원 규정은 미정임.

▶ 근로시간에 따른 제도방식
  • 비 전일제 근로시간제 : 근무시간이 매일 5시간 이내이고 매주 30시간을 초과하지 않는 고용형식(식당, 슈퍼 등의 파트 타임제)
  • 부(不)정시 근로시간제 : 작업의 시작과 끝이 고정되어 있지 않고 연속적인 업무가 아닌 경우의 고용형식(외근사원, 장거리 운송인력 등이 해당)
  • 근로시간 종합 계산제 : 업무특성상 작업의 시작과 끝이 불분명하거나 고정되지 않은 경우에 해당하는 고용형식이며 주 단위, 월 단위, 연 단위 혹은 특정작업의 시작에서 끝날 때까지 계약하는 방식임(건축시공, 설비수리 등).
  ※ "부(不)정시 근로시간제"와 "근로시간 종합 계산제"는 정부승인 사항임.

4. 임금 및 보험제도

〈임금〉

▶ 임금구분: 기본급, 실득임금(實得賃金), 평균임금, 총임금으로 구분.
  • 기본급 : 연장근로, 휴일근로 가산수당의 기초임금으로 활용함.

−실득임금 : 사회 보험금 납부의 기초로 활용.

기본급, 상여금, 직무수당, 직급수당, 가산수당 등이 포함된 임금.

−평균임금 : 경제보상금(퇴직금) 산정기준으로 활용.

퇴직일 이전 12개월간의 실득임금을 평균한 임금.

−총임금 : 실득임금에 식비, 특수수당, 복지수당 등을 포함한 임금.

• 최저임금

−각 성, 자치구, 직할시 인민정부에서 최저임금 수준을 결정.

−2년마다 최소한 1차례 조정함.

:: **주요 지역별 최저임금**(단위: 위엔(RMB))

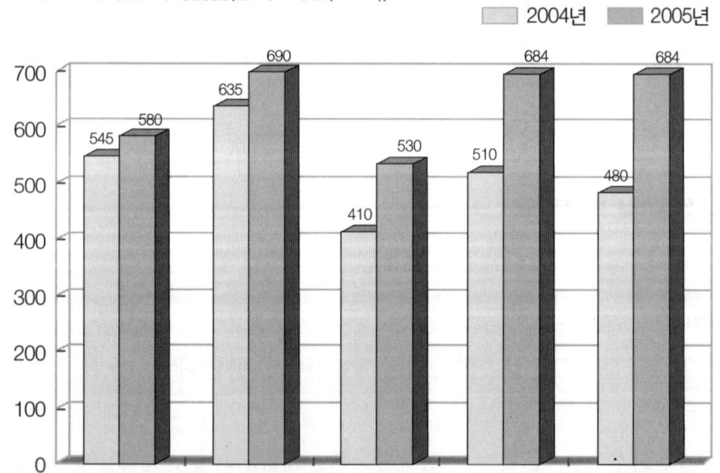

<보 험>

▶ 사회보험: 근로자에 대해 필히 가입해야 하는 사회보험은 5대 보험으로서 우리나라의 국민연금에 해당하는 양로보험, 산재보험에 해당하는 공상보험(工傷保險), 출산보험에 해당하는 생육보험, 그리고 실업보험과 의료보험이 있다. 5대 보험은 사용자가 부담하는 금액이 근로자 임금의 약 30%에 해당하여 중국에 진출한 외국기업이 가장 부담으로 느끼는 것 중의 하나이다.

▶ 주택 공적금
  • 보험은 아니지만 근로자 개인주택마련을 위하여 근로자와 회사가 일정 비율씩 납부하는 제도임.
  • 중국 정부가 1998년부터 주택개인소유제를 전면실시토록 하고 있으나 지방정부별 제도 시행 준비 미흡으로 시행 원칙만 정해진 상태이고 조만간 본격시행이 전망됨.
  • 납부 방법
    −근로자: 근로자 전년도 월평균 임금×근로자의 주택공적금 납부비율
    −회　사: 근로지 전년도 월평균 임금×회사의 주택공적금 납부비율
    −근로자와 회사가 납부한 금액 모두 근로자 개인 소유권이 됨.
    −신설회사는 설립일로부터 30일 이내, 근로자 고용시는 고용일로부터 30일 이내 주택공적금 관리센터에 납부등기수속

을 하고 근로자구좌를 개설해야 함.

5. 경제보상금 제도 (퇴직금 제도)

- 우리나라의 퇴직금제도와 비슷한 것으로 근로계약을 해지하는 경우에 연 1개월의 임금을 경제보상금으로 지급하며 근로계약 기간 만료나 근로자가 먼저 근로해약을 요구하는 경우는 지급할 의무가 없다.
- 그러나 합의퇴직, 정년퇴직, 정리해고, 징계해고, 질병으로 인한 퇴직 등은 합의 퇴직한 것으로 간주되어 경제보상금 지급 의무가 있다.

6. 공회(노동조합)제도

- 조직구조: 전국 총공회(總工會)인 중화전국총공회(中華全國總工會) 산하에 각 성(省), 직할시, 자치구별 총공회가 있으며 그 아래에는 각 시(市)나 현(縣) 단위 총공회가 있고 다시 그 아래에 각 기업별 공회(工會)가 있다.
- 공회 성격: 유일한 전국단위 노동조합으로 근로자의 합법적인 권익을 유지 보호하는 한편 공산당의 강령과 노선을 준수하면서 공산당의 방침과 정책을 관철하는 사회/정치 단체적인 성격을 함께 가진다. 여기서 사회/정치 단체적 성격 속에는 회사

의 생존/발전을 위한 역할도 포함되어 사회적 정치적 안정에
도 기여해야 한다는 의미도 있다.

- 공회 권리: 중국공회는 노동 3권 중 단결권과 단체교섭권만 인
  정하고 단체행동권은 인정하지 않는다.
- 공회 비용: 사업주는 근로자 임금총액의 2%를 공회 경비로 납
  부하도록 되어 있으며 이 중에서 60%는 개별공회 자체경비로
  사용하고 35%는 지방(省, 市, 縣)공회에 그리고 5%는 전국 총
  공회에 지불한다.

7. 여성, 연소자, 장애인 근로자 보호제도

▶ 여성근로자 보호: 여성의 출산, 임신, 생리 관련 보호제도와 영
  아 보유여성에 대한 보호제도 및 중노동 금지제도 등이 있다.

▶ 연소근로자 보호: 미성년(만 16세~18세 미만)근로자를 위한 특별
  보호 및 아동공(16세 미만) 사용금지와 관련하여 노동법으로 규
  정되어 있다.

▶ 장애인근로자 보호: 각 지역별로 장애인 의무고용비율을 정하고
  있으며 조금씩 차이는 있으나 대체로 약 1.5%를 고용하는 것으
  로 규정되어 있다.

8. 안전사고 및 직업병 예방제도

안전사고예방을 위하여 2002년 6월에 "안전생산법(安全生産法)"을 제정하여 2002년 11월 1일부터 시행에 들어갔으며 직업병 예방을 위하여는 2001년 10월에 "직업병 방치법(職業病防治法)"을 제정하여 2002년 5월부터 시행에 들어갔다.

이상과 같이 중국의 노무관리와 관련하여 각 항목별로 주요 내용을 살펴보았다. 아직은 법체계가 복잡하고 지방 정부별 규정이 다르고 현실성에 맞지 않는 미흡한 점도 많지만 장기적으로는 전면개정과 함께 점차 법적용을 강화하는 방향으로 움직이고 있는 만큼 중국진출 기업은 각별한 주의와 준비가 필요하다. 그러나 법적용이 강화된다고 해서 너무 염려만 할 것은 아니다. 그런 만큼 법적용이 모두에게 공평해지고 투명해진다면 외자기업으로서는 그에 따른 전략과 운용에 있어서 유리한 점도 있을 것이다. 중국정부 입장에서도 경제발전에 역행하면서까지 제도를 무리하게 바꾸지는 않을 것이고 근로자의 지위향상이 기업의 입장을 억압하기보다는 생산성향상에 도움이 될 수도 있을 것이기 때문이다.

꽌시關係

　사람들은 흔히 술을 마시고 하는 말은 진솔한 말이라고 한다. 평시에는 가슴에 묻어 두었던 하기 힘든 말이나 용기가 부족해서 자제를 해오던 말도 술의 힘을 빌려서는 좀더 자연스럽게 내뱉을 수 있으니 얼핏 듣기에는 그럴 듯한 말이다. 그러면서도 술김에 본의 아니게 거짓이나 잘못을 저질렀다는 말도 자주 한다. 결국에 가서는 지키지 못할 약속을 과감히 해버리거나 같은 술자리에 있는 사람과는 순간적인 동질감이 증폭되어 때로는 제3자인 누가 "카더라"는 발을 부풀려 했다가 나중에 혼쭐이 나는 경우도 있으니 역시 그럴듯한 말이다. 서로 상반된 이 두 가지 말을 따로 들을 때는 맞는 말인 것 같으면서도 둘 다를 종합해서 보면 이것만도 저것만도 아닌 말이란 것을 금방 알 수가 있다. 결국 술의 힘을 빌린 말은 더욱 진실일 수도 더욱 거짓일 수도 있으며 단지 술이란 안정제요 흥분제일 따름이다.

꽌시 역시 마찬가지라고 생각된다. 넓은 의미에서의 꽌시란 사람이 살아가면서 누구한테나 자연스럽게 형성되는 인연의 연결고리라 할 수 있을 것이다. 지구상 어디를 가더라도 사람이 사는 곳이면 분명히 존재하는 것이고 어떠한 환경 어떠한 부류인가에 따라 제각기 다른 꽌시가 존재할 것이다. 진정한 꽌시는 참으로 중요하고 아름답다. 혼자서 할 수 없는 일을 더불어서 해낼 수 있기 때문이다. 그러나 특히 법의 가장자리나 법 테두리 밖의 이권과 관련한 꽌시는 비교적 합리주의적인 서양에 비하여 혈연이나 지연을 중시하는 동양의 여러 국가에서 더욱 많이 활용하여 왔고 지금도 우리나라나 일본에서도 여전히 그 위력을 발휘하고 있는 게 사실이다. 그렇다면 왜 유독 중국에서만 더욱 강조가 되는 것일까? 해답은 세 가지 정도로 생각해 볼 수 있겠다.

첫 번째, 꽌시란 좀더 문명하고 투명한 사회에서는 사실 그다지 힘을 발휘하지 못할 것이고 좀더 시스템적인 조직에서도 역시 그러할 것이다. 반대로 제도나 법규가 분명하지 못하고 절차가 복잡하거나 신용사회가 아닌 곳일수록 더욱 힘을 발휘하는 것이란 점이다.

두 번째, 유리한 쪽으로 작용할 때는 "꽌시"라고 표현하고 그로 인해 잘못되었을 때는 "사기"라는 말로 표현을 달리 하다가 보니

마치 꽌시는 유리한 수단으로만 작용하는 것으로 표현하는 경우
인데 이는 잘못된 생각이다.

세 번째로는 꽌시 자체를 비즈니스로 연결짓는 경우로서 중국 사
람들은 흔히 "중국은 되는 것도 없고 안 되는 것도 없는 나라다"라고
스스로 말한다. 즉 안 되는 일도 관계로 풀 수가 있으며 오래 걸리는
일도 관계를 활용하면 단기간 내에 해결할 수 있고, 또 될 일도 상대
적으로 관계가 나쁘면 안 될 수 있고 빨리 될 일도 엄청 늦어질 수 있
다는 말이다. 그러면서 꽌시를 강조하는 것은 "내가 관여했을 때"라
는 무언의 전제가 깔린 표현이란 점도 잊지 말아야 하겠다.

따라서 술이 단지 흥분은 시킬지언정 진실이든 거짓이든 둘 다
를 행하게 하는 양면성이 있는 것처럼 꽌시 역시 유리하게 작용을
하거나 그 작용을 강하게는 할 수도 있지만 순작용뿐만 아니라 역
작용도 동시에 있다는 점은 분명히 알아야 할 것이다.

이렇게 꽌시에 대해 장황하게 설명을 하는 이유는 중국에서 사
업을 하거나 생활을 힘에 있어서 꽌시가 잘 안 되는 일을 되게는
할 수가 있지만 초법적인 것은 아니라는 것과 지금까지 필자가 만
나본 많은 사람들이 그 부작용에 대해서는 너무나 안이하게 생각
하거나 또는 처음엔 순작용으로 작용을 했더라도 일정한 기간이
지나서는 더 큰 역작용으로 되돌아오는 경우도 많다는 점을 강조

하기 위함이다. 특히 중국인끼리의 관계가 아닌 다른 외국인과의
관계에 있어서 더욱 그러하다.

그렇다고 꽌시의 역작용을 두고 중국인들이 특별히 나빠서 일
어나는 현상이라는 의미는 절대로 아니다. 고의적인 사기 행각으
로 나타난 것이라면 당연히 어느 일방의 형사적인 책임을 물으면
된다고 하지만 그렇지 않고 문화적 차이나 의식의 차이 혹은 철저
한 사전 조사 없이 중국을 모르는 상태에서 한시적인 부적절한 꽌
시에 너무 의존하다가 일어나는 문제점들이 많다는 것이다.

실례로 필자가 잘 알고 있는 후배(A)가 중국 여행을 왔을 때 여행
가이드였던 조선족 교포(B)와 만나 오래도록 연락을 해오며 친분을
유지해 오다가 나중에 서로 뜻이 맞아 A가 현금으로 투자를 하고
B와는 적정한 지분을 나누는 방식으로 중국에서 함께 식당사업을
시작했다. 마침 B는 과거에 식당에 근무한 경험도 있고 중국말 한
국말을 모두 유창하게 하여 언어에 대한 문제도 해결되고 성격도
사교적이어서 웬만한 것은 관계로 해결하여 아주 쉽게 시작할 수
있었다. 장소는 새로 지은 건물로 비교적 깨끗했고 B는 그 건물 관
리인(C)과도 매우 관계가 좋아 대외적인 문제가 발생했을 때 C가
대신 도와주기까지 했다. 문제는 경영방식에 있어서 A는 사장이지
만 언어문제나 꽌시가 없는 관계로 실질적 권한을 행사하지 못하
는 입장이고 자연적 B가 모든 권한을 행사하다시피 되다 보니 결

국에는 서로간에 자주 트러블이 생겨나게 되었다. A의 입장에서는 모든 일은 B가 마음대로 해놓고 문제가 생기면 A에게 돈으로 해결할 것을 주장한다는 것이며, B의 입장에서는 A가 사사건건 의심하고 따지기만 하고 돈 몇푼이면 해결될 것을 그냥 두었다가 일을 더 키운다는 것이다. 결국에는 서로간에 불신의 골이 깊어지고 B는 나름대로의 꽌시를 활용하는 방식을 취할 수 없게 되었다. 그런 후로는 관계로만 대처해 오던 위생검사 문제나 간판이 규정에 맞지 않는다는 등등 각종 문제들이 불거져 나오고 심지어는 요리할 때 생기는 연기가 너무 많이 난다는 이유로 건물주로부터도 여러 차례 경고도 받고 하다가 결국에는 견디지 못하고 사업을 포기하고 말았다.

이 경우에 몇 가지 지적을 한다면 첫째로, 중국의 각종 해당 법규를 모르고 추진하다 보니 자연적으로 우선 쉬운 방식으로 꽌시를 활용할 수밖에 없었고 오히려 비합법적인 꽌시가 먹혀들어갔던 것이 투자를 하게 된 중요한 요인으로 작용하였다. 둘째는, A와 B의 관계가 부적절했다는 것이다. 지분을 나누어 가지는 동업자 형태의 횡적인 관계로는 문화와 의식이 다르기 때문에 트러블이 일어날 가능성이 많은 관계였으며 점점 시간이 흐를수록 B가 실권을 가질 수밖에 없는 구조라는 것이다. 만약에 동업자 관계가 아니라 급여를 많이 주더라도 B를 종업원으로 두었더라면 사업을 포기하는 사태까지는 가지 않았을 것이다. 셋째로는, B가 꽌시를 만들어 가고 유지해 나갈 때 A의 꽌시로도 만들어 나갔어야 했는데 언어문제와 적극적이지 못한 성격으로 그러지를 못했다는 것이다. 그리고 네 번째로서는 A 자신이 외국인 신분이란 사실을 좀더 깊이 있게 고려하지 않았던 것이다. 최근 중국에서는 웬만한 사업은 합법적인 테두리 안에서는 외국인도 얼마든지 할 수 있도록 허용을 하고 있지만 순수 중국인한테처럼 경우에 따라 주어지는 초법적인 혜택은 기대하기 힘드는 관계로 중국인 입장에서의 조언에만 의존한 판단은 곤란하다는 것이다. 즉 늦게라도 법 테두리 안으로 개선해 나갔어야 했다.

따라서 다시 한 번 강조를 하지만 실제로 중국에서 사업을 추진해 보면 꽌시가 없으면 아무것도 할 수가 없을 것 같은 착각이 들 정도로 중요하게는 느껴지지만 최소한 외국인 신분으로서는 절대적으로 법과 제도를 우선시해야 할 것이다. 관계의 연결고리마다 있어야 할 반대급부 그리고 관계는 한시적일 뿐이므로 언제든 불거져 나올 수 있는 꽌시와의 충돌까지도 충분히 감안하여 판단해야 한다.

꽌시를 필자 나름대로 정의를 내려본다면 "나 자신의 진정한 인맥"이라고 강조하고 싶다. 한 사람만 거치더라도 다른 사람을 거치는 것은 하나의 상품과 같이 상업적인 꽌시에 불과하기 때문이다.

요식업을 통해서 본 중국시장 5장

중국의 요식업 환경

　　중국의 요식산업이 대단한 성장을 거듭하고 있다. 여러 가지 산업 분야 중에서 특히 요식산업은 과거 1990년 이래 지금까지 15년 연속으로 매년 두 자릿수 성장을 이루면서 2005년에는 그 규모가 8800억 위엔을 달성하였으며 11차 경제개발 5개년 계획이 시작되는 2006년에는 약 1조 위엔 규모로 성장할 것으로 내다보고 있다.

　　소비환경에 있어서도 과거의 공적 소비 중심에서 개인소비 중심으로 소비의 내용이 크게 바뀌었으며 2005년의 경우 약 80%가 개인소비에 의한 규모라고 한다. 소비경향 또한 과거의 가격 중심에서 점차 서비스, 환경, 건강 중심으로 변해 가고 있으며 전문점이나 체인점과 같은 브랜드 의존형 소비 중심으로 바뀌어 가고 있다. 이렇게 급속한 성장과 소비환경 변화에 따라 중국의 요식산업도 점점 전문화, 대형화, 고급화 추세가 뚜렷이 나타나고 있다.

중국의 정부정책 환경에 있어서는 2001년 말에 가입한 세계무역기구(WTO) 양허안(이행계획서)에 근거하여 지난 2004년 6월 "외상투자영역관리방법"을 공포하고 그 해 12월 11일부터 시행에 들어감으로써 외국인들도 중국 내에서 요식업을 포함한 대부분의 도/소매업을 자유롭게 할 수 있도록 완전 개방이 되었다. 그리고 등록자본금에 대한 한도도 과거보다 크게 낮추고 체인점 개설에 대한 지역별 제한이나 수적 제한 규정도 삭제하여 소규모 자본을 가진 개인이나 중소기업도 쉽게 진출하여 개인점포나 프랜차이즈 사업을 자유롭게 할 수 있도록 허용하였다.

또한 위생환경 분야에 있어서도 "녹색식당표준"을 제정하여 2004년 8월부터 이미 시행에 들어갔으며 그 주요 골자로는 건강 서비스, 낭비감소, 효율적 자원이용, 환경보호를 실천하는 것으로 샤오캉(小康) 사회를 향한 또 하나의 현실적인 시책의 틀을 마련해 나가고 있다. 2006년부터 2010년까지 11차 경제개발 5개년 개획 기간에는 내수시장 활성화와 서비스를 새로운 성장산업의 동력으로 천명함에 따라 이 역시 요식산업에도 상당한 영향을 미치게 될 것이며 앞으로도 요식산업은 장기간 동안 활황이 이어질 것으로 기대된다.

　이렇듯 중국의 요식업 분야는 90년대부터 현재까지도 그러했지만 향후에도 상당기간 동안 괄목할 만한 성장이 예고되고 있다. 외국인에 대한 규제도 완전히 해제되고 중국인들의 식생활 또한 외식을 중심으로 하는 문화로서 다양한 종류의 음식을 즐기는 점 등을 감안하면 우리나라의 포화된 요식업 분야의 종사자 입장에서는 큰 기회의 나라가 될 수도 있을 것이다.

　따라서 지금까지 중국에 진출한 외국인 요식업체들의 현황과 한국 요식업체들의 현주소 그리고 조선족 동포들이 요식업으로 성공을 거둔 사례들을 살펴보면서 앞으로는 좀더 새로운 전략적 구상을 해보는 것도 의미가 있으리라 생각된다.

:: **중국 요식업 시장규모** (단위 : 억 위엔)

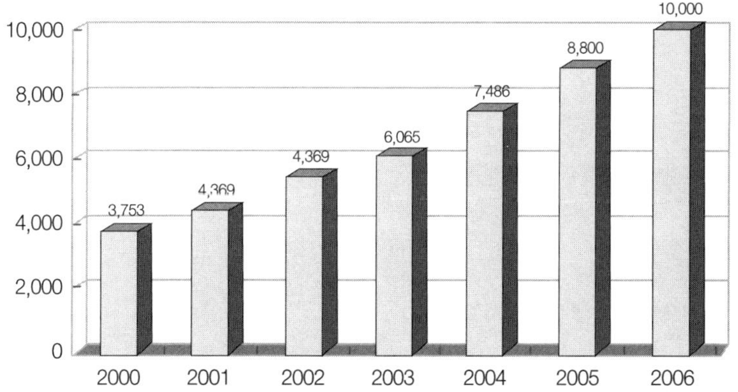

중국에 진출한 해외요식업체 현황

서양요리는 '시찬(西餐)'이라고 한다. 우리가 잘 알고 있는 여러 종류의 서양요리가 있지만 그 중에서도 패스트 푸드(Fast Food)는

맥도날드

KFC

피자헛

중국에서 콰이찬(快餐)이라고 하여 매우 인기를 끌고 있다. 가장 대
표적인 것을 꼽는다면 프랜차이즈 형식의 마이당라오(麥當勞, 맥도
날드)와 컨더지(肯德基, KFC) 그리고 삐성커(必勝客, 피자헛)를 들 수

있다. 이미 90년대 초에 필자가 중국 각 지역별 전시회를 개최할 때 식사시간이 부족하여 자주 이용했던 기억이 있다. 그 때 벌써 웬만한 주요도시에는 몇 군데씩 다 있었으며 꾸준히 발전하여 이제는 각 도시의 주요 대로변, 기차역이나 시외버스 정류장 주변, 백화점이나 호텔밀집지역, 전시장 주변, 고급 아파트 주변, 학교나 사무실 밀집지역, 외국인 밀집지역 등에는 한두 군데 이상 없는 곳이 없을 정도이다. 현재까지 중국 전역에 마이당라오와 컨더지의 점포수는 각각 약 1000여 호를 넘고 중국 젊은이들의 대표적인 만남의 장소로 이용되고 있다.

가는 곳마다 장사가 안 된다는 느낌을 받은 곳을 지금까지 거의 보지 못했다. 깨끗한 실내장식과 푸우유엔(복무원)들의 유니폼 그리고 쉴 사이 없이 청소를 하고 여름에는 시원하고 겨울이면 따뜻하게 냉난방 관리를 하고 어린이들을 위한 각종 놀이시설까지 갖추고 있어서 중국인들을 사로잡기에 충분한 분위기를 연출한다. 가히 이런 곳을 가지 않는다는 것은 오히려 시대에 뒤떨어진 듯한 느낌을 주게 될 정도다. 젊은 사람들의 만남의 장소로도 훌륭한 역할을 하고 음식을 즐긴다기보다는 그야말로 서양의 문화를 먹는 곳이기도 하다. 싱바커(星巴克, 스타벅스) 커피숍도 마찬가지다. 중국의 전통적인 차 문화 때문에 고전을 하리란 생각은 한번 가보기만 하면 금방 사라진다. 일반식당에서 그렇게 떠들썩하던 중국인들도 싱바커에 가면 조용하다. 이용하는 손님들 옷차림부터가 다르고 한켠에서는 손님들이 신문이나 책을 보는 모습도 자주 눈에 띈다. 담배는 당연히 금지되어 있다. 역시 새로운 문화를 적응하고 즐기는 모습들이 역력히 보인다.

몇 년 전에 북경에는 마이당라오(麥當勞, 맥도날드)의 앞 글자인 ‘마이(麥)’와 컨더지(肯德基, KFC)의 첫 글자와 마지막 글자인 ‘컨(肯)’과 ‘지(基)’를 복합하여 ‘마이컨지(麥肯基)’라는 상호로 중국인이 설립한 프랜차이즈 음식점이 생겨났다. 제법 여러 군데의 분점이 생겨나고 음식 맛이나 분위기 연출도 비슷했다. 그런데 언제부터인가 하나둘씩 사라지기 시작하더니 현재는 필자가 알고 있던 분점은 모두 없어졌다. 음식 맛은 중국인의 입맛에 맞게 할 수가 있었을지 모르나 그 문화의 맛은 흉내낼 수가 없었던 까닭이 아닐까 생각이 든다.

한국 요리의 대표적인 식당으로는 북경의 ‘서라벌’과 ‘수복성’을 들 수 있다. 비교적 이른 ‘90년대 초부터 진출하여 지금까지 꾸준히 한국요리의 진수를 보여주고 있는 곳이기도 하다. 손님들 중 70~80%가 중국손님이며 중국의 정/관게나 언론인, 사업가를 망라하여 모르는 사람이 없을 정도이다. 1993년 SAS가 발생했을 때 수복성에서는 찾아오는 중국 손님들에게 한국의 김치를 선물로 나누어 주었던 사례가 유명하고 청결교육을 위해 사장과 복무원(종업원)이 함께 화장실에서 식사를 한 사례가 유명하다. 이는 보이지 않는 곳까지 세심하게 고객관리와 품질관리를 잘하고 있다는 증거가 될 뿐만 아니라 단순히 맛있는 음식을 팔고 그 대가를 받는 그런 개념을 뛰어넘어 훨씬 몇 발짝을 앞서가고 있는 것이다. 매일같이 손님의 80%에 해당하는 중국인들이 한국의 맛과 예절과 문화를 느끼고 가는 곳이기도 하다.

한편으로는 한국인들이 집단으로 살고 있는 곳을 가보면 한국의 각종 유명 요리를 거의 다 맛볼 수 있다. 대표적인 요리인 불고기 에서부터 횟집, 순두부집, 설렁탕집, 비빔밥집, 김밥집에 이르기까 지 중/소규모의 식당들로 없는 것이 없다. 가는 곳마다 위성을 통 한 한국방송이 나오고 한류문화의 큰 역할을 했던 '장금이' 사진이 식당입구에 붙어 있는 곳도 있다.

그러나 여기서 한 가지 지적하고 싶은 점이 있다. 서라벌과 수복 성 같은 고급식당에 비하여 중소규모 식당들 대부분은 대상고객층 이 한국인 혹은 조선족 교포에 한정된다는 것이다. 그나마 한국 사 람들이 워낙 많이 다녀가는 곳이라 당장의 사업성에는 문제가 없을 지 모르나 장기적으로는 좀더 새로운 전략이 요구된다고 보인다.

쉬운 예로서 조선족 교포가 하는 불고기전문 식당을 보면 대부 분의 고객층이 중국인이면서도 매우 성공적으로 운영되고 있다는 것이다. 그 대표적인 것으로 '한라산'이란 식당은 북경에서 시작하

여 상해에까지 분점을 두어 전체 점포수가 10여 개가 넘고 한 점포
당 하루 매출이 2~3만 위엔(원화 약 300만원 전후)에 이른다고 하니
한국에서도 이만한 규모의 식당체인사업은 보기가 드물 것이다.
이런 사례는 한두 가지가 아니다. 필자가 잘 아는 조선족 교포 중
에는 처음에 조그만 양꼬치 집을 하다가 몇 년이 지난 지금에는 3
층짜리 건물 전체를 식당으로 운영하고 그 식당의 쌍둥이 형제 사
장은 모두가 고급승용차를 타고 다닌다. 또 한 지인은 류라오반(유
사장)이란 사람으로 지난해에 상해에서 '서울 불고기'란 조선식 불
고기 식당을 두 개나 개업했는데 둘 다 성공적으로 운영되어 1년도
채 안 된 지금은 제3의 장소를 물색하고 있다고 한다. 고객들은 모
두가 중국인이다. 이 친구는 필자와도 형제처럼 지내는 친근한 사
이로서 장사수완이 보통이 아니다. 인정이 많고 매사에 적극적이
다. "중국에서 돈벌이하는 데는 불고기집이 최고"라고 입버릇처럼
말한다. "손님들의 손이 쉴 사이가 없어야 한다"고 한다. "규모가
크고 여러 개의 점포를 운영해야 한다"고 한다. 이는 브랜드의 중
요성과 프랜차이즈의 이점을 두고 하는 말인 것 같다. 오랫동안 직
간접적인 경험에서 나오는 말이지만 과연 전문가다운 분석이라 여
겨진다.

또 지방으로 진출하여 성공한 사례도 있다. 운남성 곤명이란 곳
은 경치가 좋기로 유명하고 한국인을 포함하여 각국 여행객들이
많이 찾는 곳이기도 하다. '아리랑'이란 조선족 불고기 식당을 개

업하여 크게 성공을 거두고 있다고 한다. 역시 고객은 주로 그 지방 중국인들이며 한국에서 여행가는 단체 손님들도 자주 찾는다. 지방이라 월세도 북경의 1/4~1/5 정도면 아주 훌륭한 장소를 얻을 수 있다고 한다. 같은 면적, 같은 매출규모를 기준으로 건물에 대한 월세를 비교하여 보면 북경이나 상해의 경우는 한국의 1/2 정도, 곤명의 경우는 한국의 1/10 정도로 보면 된다. 자본이 부족한 경우는 대도시의 치열한 경쟁에서 희생양이 되는 것보다 중소도시를 공략하는 것도 좋은 전략이 될 수 있다.

따라서 이런 사례들에서 특징을 비교해 보면 첫째로, 한국인이 운영하는 대부분의 식당은 한국인 고객을 타깃으로 하는 한편 조선족 교포가 운영하는 식당은 중국인을 타깃으로 한다는 큰 차이점이 있다. 같은 종류의 요리를 가지고 한국인이 경영하는 식당은 고객 계층의 한계성을 안고 운영하는 한편 조선족 동포는 고객 계층의 폭을 훨씬 넓게 갖고 운영한다는 것이다.

둘째로 한국인 식당들은 특정지역에 집중적으로 몰려 있으면서 다양한 종류의 요리가 있는 반면에 조선족동포는 불고기란 전문음식으로 넓게 골고루 분산되어 중국인들의 먹거리 문화 중의 한 분야로 자리를 차지하고 있다. 실제로 중국손님을 만나 음식이야기를 하다 보면 가끔 "얼마 전에 한국음식을 먹은 적이 있다"라고 자랑삼아 애기를 하는 경우가 있다. 그들이 가본 곳은 알고 보면 조선족이 운영하는 식당이 대부분이다.

셋째로, 조선족이 운영하는 불고기 전문점은 공통적인 상징물이 있다. 그것은 바로 고기를 구울 때 나는 연기를 밖으로 배출시키는 후드로서 천정에서 식탁 가까이까지 길게 늘어뜨린 것이다. 그런 후드를 사용한 곳은 오직 조선족 불고기 집이며 밖에서 지나가다가 그 후드를 보는 중국인은 조선식 혹은 한국식 불고기집이라는 것을 알 정도로 하나의 상징물이 된 것이다.

넷째로, 조선족 식당의 또 다른 특징으로는 천정에 전등을 여러 개 달아 식당 전체가 아주 밝고 비교적 식당 내부가 청결하고 밖에서도 훤히 보이는 구조가 대부분이다. 이는 특히 과거의 중국인 식당과는 대조적인 점이며 최근의 새로운 추세이기도 하다.

과거에 필자가 동생처럼 여기는 또 하나의 조선족 친구가 북경의 어느 골목길에 조그만 식당을 하고 있어서 자주 가던 곳이 있다. 그 식당 종업원 중 하나가 필자와 같은 성씨인 관계로 갈 때마다 십안어른 안부도 물어보곤 하면서 늘 관심을 가졌었다. 언젠가 필자가 다시 그 식당을 찾은 날 그 종업원이 먼저 말을 건네며 자기 친동생도 북경에 와서 일자리를 찾았는데 바로 약 50m 정도 거리의 가까이에 있는 중국식당에서 일하고 있다고 했다. 그래서 그 날은 그 동생이 있다는 중국 식당에 가보게 되었는데 마침 손님도

별로 없고 해서 여주인에게 그 아이 잘 좀 부탁한다면서 말을 걸기 시작했다. 그러던 중에 그 여주인에게 "장사가 잘 되느냐"고 물어보았더니 예전보다는 잘 안 된다고 하길래 무심결에 "저 위쪽 조선집은 장사가 잘되던데…"라고 하였더니 그 여주인장이 "그 집은 실내가 밝고 깨끗하잖아요"라는 의외의 대답을 하였다. 그 순간 뭔가 대꾸를 해주고 싶은 마음은 들었다가도 혹 오해를 할까봐서 겨우 억누르고 있는데 이번에는 에어콘을 꺼버리는 것이었다. 그 때가 한여름철이라 매우 더웠고 손님도 아직 두어 상은 남아 있는데…. 다른 식당이 깨끗해서 장사가 잘 된다고 생각하는 사람이 본인은 왜 그렇게 하지 않는지? 또 그런 말을 하면서도 전기요금 아끼는 것만 생각하여 손님이 있는데도 에어콘을 꺼버리는 그런 태도에 중국인 고객들도 왜 느끼는 점이 없겠는가? 이는 과거에나 있었던 극단적인 예에 불과하고 요즘은 중국식당들도 의식면에서 많이 변하긴 했지만 아직도 눈살을 찌푸리게 하는 현상들이 곳곳에서 자주 일어나는 것을 보면 중국인들의 서비스 의식은 개선해야 할 여지가 많아 보인다.

중국 고객의 입맛

중국 고객들의 음식문화에 대한 특징으로는 첫째, 외식의 비중이 매우 높다는 것이다. 남녀가 평등하고 여성의 사회진출이 두드러진 사회적인 요인, 경제활동이 활발해지고 가처분 소득이 증가하는 경제적 요인, 신세대 경제인구의 가치관의 변화나 욕구변화에 따른 문화적인 요인, 과거부터 내려오는 식생활관습인 전통적인 요인 등으로 외식문화가 특히 발달한 나라 중의 하나다. 특히 중국의 여성들 중에는 요리를 해본 경험이 없다는 사람이 상당수에 이르며 결혼한 여성에게 '집에서 식사를 할 때는 누가 요리를 하느냐?'고 물어보면 반 이상이 남편이 한다고 답한다. 결혼한 부부 중 어느 한쪽의 어른을 모시고 사는 경우 역시 시어른 혹은 장인이 요리를 한다고 대답한다. 결국은 사회활동을 하지 않는 유휴인력이 요리를 담당하며 그 중에서도 남자가 담당하는 경우가 더 많다.

둘째로, 다양한 맛을 즐기는 경향이 짙다. 북경식, 광동식, 사천식, 산동식 등 각 지방마다의 특색 있는 요리에다가 다양한 소수민족의 전통요리, 그리고 개혁개방 이후 급속하게 증가한 외국요리에 이르기까지 여러 가지 음식을 골고루 접하는 것이 습관화되어 있어 새로운 풍미의 음식에 대한 거부감이 적다. 흔히들 특정지역을 제외한 대부분의 중국인들은 매운 음식을 못 먹는다고 한다. 그러나 매운 요리의 대표격인 사천요리 식당은 중국 전역을 석권하다시피하고 있다. 사천요리는 매운 맛(辣)뿐만 아니라 마비의 느낌을 주는 맛(麻)까지 곁들어 먹고 나면 그야말로 전신이 얼얼하기까지 하다. 먹어보지 못한 사람도 몇 번만 맛을 보고나면 금방 익숙해진다. 매운맛은 향료 중에서도 특별히 사람의 마음을 끌어당기는 흡인력이 있는 듯하다. 매운 것을 못 먹는다던 중국인이 처음에 몇 번 끌려가듯 갔다가 매운맛에 길들여진 경우를 필자는 많이 보았다. 사천요리의 대표격인 샤브샤브 형식의 후오궈(火鍋)와 편으로 썬 민물고기와 콩나물을 주 재료로 한 수이주위(水煮魚) 전문식당은 마(麻)하고 매운(辣)맛으로 중국인들을 매료시켜 나가고 있다.

셋째로, 공동 식단에 대한 습관이 강하다. 한국의 된장찌개와 같이 개인별 주문식단보다는 공동으로 주문하여 각자가 덜어서 먹는 형태가 주류를 이룬다. 회전식 원형 식탁이 있는 이유가 바로 여러 명이 덜어서 먹기에 편리하도록 고안된 것이다. 한국의 불고기 같은 경우도 공동으로 주문하여 나누어 먹는 것은 중국인 관습에 맞는 것이다.

　넷째로, 맛과 가격뿐만 아니라 점차 감성적인 면이 중요시되는 추세이다. 브랜드가 알려진 전문점을 찾고 환경과 분위기를 중시한다. 복무원들의 태도나 위생에 대한 요구가 높아짐에 따라 일정한 규모가 되는 식당들은 매일 아침 전 복무원을 밖으로 불러내어 단체교육 시키는 모습을 곳곳에서 볼 수 있다.

　다섯째로, 외식문화가 사회생활에 있어서 중요한 수단으로 작용한다. 사회활동과 관련하여 상담이나 만남의 장소가 되기도 하고 결혼식을 치를 때도 예식의례보다는 음식을 중요시하고 경우에 따라서는 술과 노래도 음식문화의 한 부류에 속하기도 한다. 한국인들은 식사시간을 비교적 짧게 가지고 2차 3차 문화가 있는 반면 중국인은 식사시간을 매우 중시하여 시간도 길게 잡고 술과 이야기, 때로는 노래도 함께 곁들여 즐긴다. 중국의 'KTV'라는 것이 바로 식사를 하면서 노래를 부르는 곳이다.

한국 요리의 위상 

음식의 맛이란 참으로 오묘한 것이다. 인간의 오감(시각, 촉각, 후각, 청각, 미각) 중에 미각인 단맛, 쓴맛, 짠맛, 쓴맛, 신맛을 기본으로 하여 찬 맛, 더운 맛, 매운맛, 마한맛 등이 어울려져서 맛을 낸다. 자신의 컨디션이나 같이하는 상대에 대한 감정, 장소나 주변 환경에 따라서도 맛이 다르다. 그리고 더 나아가서는 불고기를 구울 때처럼 자기 손으로 고기를 뒤적이며 요리에 직접 참여하는 능동적 방법이냐 혹은 주는 대로 먹는 수동적이냐에 따라서도 맛이 다르다. 심지어는 자신이 좋아하는 사람이 맛있다고 권했을 때와 그렇지 않을 때의 맛이 다르고 어느 나라 음식이며 전통적인 것이냐 아니냐 하는 문화적인 맛에도 차이가 있을 것이다.

그리고 보면 음식이란 인간의 육체적인 욕구에다가 정신적인 욕구 그리고 문화적인 욕구에 이르기까지를 갈구하는 감각적인 맛과 감성적인 멋의 조화에 따라 그 충족감도 달라진다는 것을 알 수 있다.

중국요리는 다양한 재료를 사용하기도 하지만 한두 가지의 재료로 여러 가지 요리를 하는 특징이 있어 평생토록 새로운 음식을 즐길 수 있을 정도로 가짓수가 많다. 반면 한국요리는 여러 가지의 재료를 가지고 독특한 하나의 요리를 만드는 특징이 있다. 중국요리는 재료 하나만 바뀌어도 새로운 요리가 되지만 한국요리는 요리마다 독특하다.

한국의 불고기는 맛뿐만 아니라 고기가 익을 때의 소리나 냄새부터가 입맛을 돋운다. 고기가 나와서 익을 때까지 전 과정을 보면서 즐긴다. 젓가락을 든 손은 고기가 골고루 잘 익도록 뒤집느라 지루하지가 않다. 쇠고기, 돼지고기, 닭고기 등 고기의 종류도 많지만 각 부위별로 나누면 더욱 다양하다. 요리방식에도 양념 주물럭이 있고 생고기가 있고 굽는 방식에도 솥뚜껑, 석쇠, 철판구이 등 참으로 다양하다. 음식문화의 종주국이란 중국도 구이 종류는 기껏해야 양꼬치나 북경 오리고기 정도가 유명할 뿐이다. 양꼬치도 원래는 소수민족인 신강위구르족 요리가 전국적으로 확산된 것이다. 품격으로 보더라도 한국의 불고기에는 비할 바 못 된다.

길거리 양꼬치 판매상–신강위구르 족

　탕 종류도 된장찌개, 김치찌개, 감자탕, 해물탕, 곰탕, 삼계탕 어느 것 하나도 중국의 대표요리와 비교해 봤을 때 영양면에 있어서나 맛에 있어서도 뒤질 것이 없다. 다만 아직은 중국인들에게 덜 알려졌을 뿐이다. 천진의 어느 감자탕 집은 한국인이 밀집하는 지역에 있으면서도 손님의 절반 정도가 중국인이라고 한다.

　국수를 주 재료로 하는 국수전골의 경우는 이미 북경지역 고급 한식당에서 가장 잘 나가는 음식 중의 하나이기도 하다. 한번 맛을 본 중국인은 거의 대다수가 다시 찾는 음식이다.

　심지어는 채소나 고기를 날것으로 먹지 않는 것이 중국인의 전통적 관습임에도 최근에는 한식당에서 쇠고기 회를 즐기는 사람들도 늘어나고 한국인이 경영하는 횟집에서도 중국인들이 찾아오기도 한다.

이처럼 중국인들을 매혹시킬 만한 우리나라 요리의 종류도 생각보다 많고 조선족 불고기 식당이 중국인을 상대로 대성공을 거두고 있는 것만 보아도 충분한 사례가 된다. 한국의 맛과 멋과 서비스정신이라면 아무리 요리의 천국이란 중국일지라도 충분한 승산이 있다고 본다. 중국의 사회 문화적 특성이나 앞으로의 경제발전 전망을 보더라도 이제부터가 중국시장진출에 있어서 본격적인 시작 단계일 뿐이란 생각이 감히 든다.

우리 요식업의 중국 진출방안

외국인의 신분으로 중국에서 요식업을 창업하기 위한 사안별, 단계별 기본적인 내용과 주의해야 할 점들을 알아보자.

1. 점포 구하기

요식사업에 있어서 사업성패 중요도의 반 이상이 '점포를 어디에, 어떻게 구하는가'에 달려 있다고 해도 과언이 아닐 것이다. 중국은 특히 관련법제도나 관행이 한국과 많이 다른 관계로 직접 연관되는 법률은 물론 부동산관련 법이나 건물주(점포소유자)의 합법적인 자격, 즉 토지사용권과 방산권증(房屋産權證, 건물등기권리증)까지도 확실하게 확인해 보고 결정하여야 한다. 그리고 계약기간도 일반적으로 5~10년 정도 장기임대를 하기 때문에 주변 환경이나 발전 가능성까지 여러 측면에서 고려하여 결정하는 것이 매우 중요하다. 구하는 방법으로는 인터넷이나 부동산회사를 통할 수도 있고 인맥이나 자신의 발품을 팔아 직접 찾아다니기도 한다. 외국인의 경우는 가격을 턱없이 높게 부르는 경향이 많기 때문에 본격적인 흥정을 할 때까지는 가능한 한 중국인을 앞세우는 것이 유리하다.

또 한편으로 중요하게 고려해야 할 점이 있다면 해를 거듭할수록 임대료가 급상승함에 따라 어느 시점에 진출을 하느냐에 따라 원가에 미치는 영향이 달라진다는 점이다. 가장 좋은 예로서 KFC의 중국진출 사례를 보면 이미 1989년에 합자형태로 진출을 하여 전국 도시의 최적지에 저가로 장기임대를 함으로써 현재는 다른 어떤 유사 업체에 비해서도 경쟁력의 우위를 점하고 있다는 것은 좋은 사례가 될 것이다.

그리고 대부분의 도시가 마찬가지 현상을 보이고 있는 사항으로서 전체 인구나 건축물에 대비해 볼 때 상가가 다른 나라의 경우에 비추어 볼 때 매우 부족하나는 점도 중요하게 고려헤야 할 것이다. 더구나 앞으로 갈수록 규모의 경쟁이 중요해짐에 따라 적정규모 이상의 점포 구하기는 점점 더 어려워지고 있다는 것이다. 이 역시 좋은 사례로 프랜차이즈 형태로 운영하는 요식업 경영진에서 주로 하는 하루 일과가 추가점포 확보를 위한 정보 캐기라는 점이다. 자신들이 경영하는 식당에 귀빈실을 마련하여 관료들을 초대하거나 기타 정보에 도움이 될 만한 사람들을 대상으로 접대를 하고, 때로는 마작을 하거나 유흥을 즐기면서 지속적으로 친분을 쌓아간다. 주로 노리는 대상으로는 새로 지은 건물에 입점하는 방법과 위치가 좋고 면적이 넓으며 장사가 잘 되지 않는 기존점포를 양도받는 방법을 주로 사용한다.

양도를 받는 경우에는 기존식당의 주인을 만나서 의향을 물어보고 가능성이 엿보이면 권리금으로 그 자리에서 인민폐로 약 1백만 위엔(원화로 약 1.2억 원) 정도를 질러버리는 충격요법을 사용하기도 한다. 양도받는 입장에서는 그만큼 장소가 중요하고 계약을 하게 되면 주로 장기간 하기 때문에 1년 이내에는 투자한 권리금을 충분히 회수할 수 있다고 보기 때문이다. 한편 양도하는 입장에서도 어렵게 경영을 해나가는 마당에 한꺼번에 큰돈을 만질 수 있다는 생각이 들면 쉽게 거절할 수 없을 것이기에 중국에서는 이런 방식도 흔히 사용한다.

적정한 점포를 찾아내고 임대계약을 하게 되면 해당 도시의 '부동산관리국(상해의 경우 "부동산 교역시장")'에 가서 점포임대차계약에 대한 확인 절차로 인증(거래허가서)을 받아야 한다. 점포임대에 대한 거래허가서가 있어야 영업허가, 즉 사업자등록증을 발급받을 수 있기 때문이다.

2. 실내장식

　실내장식(인테리어) 역시 손님끌기에 있어서 매우 중요한 요소가 될뿐더러 해당 관련법과도 매우 밀접한 관계를 가진다. 우리가 일반적으로 이해하기 힘드는 내용 같지만 중국에는 법으로 주방과 홀의 면적비율이 50 : 50으로 규정되어 있다. 그러나 실제로는 이런 규정을 정확하게 지키는 경우가 거의 없고 특히 한국식 요리에 있어서는 주방이 그렇게 큰 비율을 차지할 필요가 없기 때문에 적절한 협상력을 발휘해야 할 부분이기도 하다.

　소방이나 가스안전, 소음, 공해, 그리고 특히 위생과 관련해서는 지역에 따라 매우 까다롭게 굴 가능성이 높으므로 역시 해당 기관과는 미리부터 적당한(?) 협상을 할 각오를 해두는 게 좋다.

　실내장식 업체는 중국회사도 많이 있지만 고급장식이나 단기간 공사의 필요성이 있는 경우는 업체선정에 특별히 신중을 기해야 한다. 중국 업체는 비교적 비용이 저렴한 반면에 실력이 부족하고 마무리 작업이 깔끔하지 않아서 나중에 후회를 하는 경우가 많이 발생한다. 그리고 대금 지불방식에 있어서 하루만 늦어도 받을 때까지는 즉시 공사를 중단해 버리는 일이 허다하고 자재사용에 있어서도 싼 것으로 대체해 버리거나 보이지 않는 부분을 대충 대충 해버리는 경우가 많아 나중에 다시 재공사를 해야 하는 경우도 많

다. 이런 경우를 대비해서 계약을 할 때 1년 정도의 보증기간을 정
하여 전체 공사비의 약 10~20% 정도는 보증기간이 지난 후에 지
불하는 방식을 많이 적용한다.

3. 회사설립(투자 절차)

☞ 점포임대차 계약
 · 가장 먼저 필요한 것이 "점포임대차 계약"이다. 점포 임차시에
   는 합법적으로 창업하고자 하는 업종이 가능한지와 임대인이
   산권증(産權證, 건물의 등기권리증)을 갖고 있는지 확인하고 요
   식업 허가가 가능한 건물인지도 확인해야 한다.

☞ 법인 설립
 · 중국 현행법상 중국에서 외국인은 개인 사업자 형태로는 사업
   을 할 수 없으므로 1인 투자를 하더라도 법인(회사)을 설립하여
   야 한다.
 · 설립 절차
   −상호등록(2004년 2월부터 영문상호 등록도 가능): 주류 판매를 하
    기위해서는 상호를 '×××찬음유한공사'로 설립해야 한다.
   −위생허가: 위생부: 법인 설립 전 허가를 받는 경우도 있고 지
    역에 따라서는 매우 까다로운 부분이다.
   −기업인장: 공안국

−회사 Code(企業代碼證, 기업대마증): 기술감독국

−기업 비준: 상무국

−사업자 등록(營業執照, 영업집조): 공상행정관리국

−소방 및 환경 허가: 소방국, 환경보호국

−실내장식, 간판장식 허가: 건물 관리처, 기획국

−외환등기 구좌개설 비준: 외환관리국

−세무등기(국세, 지방세): 국가세무국, 지방세무국

−은행 구좌 개설(외화, 인민폐): 외국환 은행

−기타 제정등기(제정부), 세관등기 등

4. 세 금

요식업체 세금으로는 주로 영업세와 기업소득세를 들 수 있다. 증치세(한국의 부가가치세에 해당)가 물품거래시 발생하는 차액, 즉 부가가치에 대한 세금이라면 영업세는 매출액 전액에 대한 과세로서 주로 노무나 무형자산 등을 유상으로 제공하는 경우가 이에 해당한다. 영업세는 5%, 소득세는 한국의 법인세에 해당하는 세금으로서 국세 30%, 지방세 3%로서 총 33%를 과세하게 된다.

건물 임차시에는 우리가 생각하는 일반상식 정도의 것이라도 꼼꼼히 확인해 봐야 하며 여러 가지의 독특한 중국식 관행도 있으므로 전문가의 힘을 빌릴 할 것을 강조해 둔다.

〈입지 조건〉

1. 일단 유동인구가 많은 곳이며 눈에 잘 띄는 코너나 대로변이 좋지만 교통편의와 주차공간을 꼭 함께 고려해야 한다. (자동차인구 급증)

2. 다수의 식당이 몰려 있는 전문 식당가가 좋고 주변에 큰 단위(기관/기업)가 있는 곳이면 더욱 좋다.

3. 백화점, 대형 슈퍼, 공원 혹은 누구나 쉽게 알 수 있는 특별한 건물이나 시설이 가까이 있어서 쉽게 찾아올 수 있는 장소가 유리하다.

4. 아파트 밀집지역도 좋으나 아파트만 있는 곳은 점심 손님이 적을 수가 있으므로 상권을 꼼꼼히 살펴볼 필요가 있다.

5. 소비의 규모가 비교적 큰 곳이 좋으며 도시환경 관련 특별 감

시지역이 아닌지 고려해야 한다.

6. 도시계획 관련 철거대상이 아닌지도 알아볼 필요가 있다. 가끔은 건물주가 이런 사실을 숨기는 경우도 있다.

7. 중국은 워낙 발전 속도가 빠르고 변화가 많은 관계로 기존에 형성된 해당 지역 상권이 다른 곳으로 옮겨갈 가능성은 없는지도 폭넓게 검토해 봐야 한다.

8. 주변 환경이 소음이나 냄새 등 악영향을 미칠 만한 환경은 아닌지?

9. 주요 대상 고객의 이동 공간(경로) 내에 위치하는지도 하나의 포인트가 된다. 예를 들면 직장과 주택단지 혹은 도심과 주택단지 사이에 위치하는 것이 좋다.

10. 야간의 주변 환경도 고려해 봐야 할 사안이다. 특히 중국에서는 낮에는 사람들이 많이 다니는 곳인데도 저녁이면 갑자기 한산해지는 곳도 많이 있다.

11. 중국에도 위생검사가 날로 까다로워지고 있으며 지역에 따라 특별히 엄격한 곳도 있으므로 잘 알아보아야 한다.

〈선물 조건〉

1. 최고급 식당이 아닌 이상은 1층이 가장 좋으며 밖에서 훤히 들여다보이는 구조가 좋다.

2. 밖에서 보아서 규모가 크게 보일 수 있도록 바깥 폭이 넓은 것이 좋다. 폭은 최소한 7m 이상이 좋으며 일반 사람이 걸어서

지나가며 결정적 선택을 하는 데는 최소한 도보로 7m 거리를 걷는 정도의 시간이 요구된다고 한다.

3. 식당 앞 보도의 폭이 넓을수록 좋다. 보도의 폭이 넓을수록 걸음걸이가 늦어지고 심리적으로 안정되어 선택을 하는 데 도움이 된다.

4. 건물의 여건상 간판을 크게 달 수 있는지 확인하고 도로상의 가로수가 간판을 가리지 않는지도 확인한다.

5. 불고기 등으로 발생되는 연기를 즉시 배출할 수 있도록 배기가스 배출 설비를 달 수 있어야 하고 배기가스 배출시 주민 혹은 주변의 항의가 있을 가능성도 참작해야 한다.

6. 배수 관련해서도 마찬가지로 잘 되는지를 고려해야 한다. 의외의 골칫거리가 될 수 있다.

7. 남향 혹은 서향은 가급적 피해야 한다. 점심이나 오후 시간에 햇빛이 실내로 들어오기 때문이다. 밖에서 볼 때도 햇빛이 비치는 가게는 심리적으로 선호하지 않는다.

8. 중국에서는 정문이 남향인 것도 꺼린다. 풍수적으로 좋지 않다고 하여 정문이 남향인 경우는 특별한 경우를 제외하고는 선호하지 않는다. 싫어하는 장소를 잡았다가는 만약의 경우에 재임대를 할 때도 문제가 된다.

9. 중국은 특히 전력 사정이 충분하지 못한 곳이 많으므로 전력 사정이 불안전한 곳은 여름철 에어콘 등으로 전기 소모량이 많은 경우 단전되는 경우가 많다. 아울러 건물에 연결된 변압

기 용량도 체크하여 전기로 인한 문제는 없도록 확실한 대비를 하여야 한다.

10. 천정이 너무 높으면 인테리어 비용이 많이 들어가므로 확인이 필요하고 주방과 홀 분리가 어려운 구조가 아닌지도 살펴봐야 한다. 중국은 업종마다 법적으로 주방과 홀의 면적 비율을 지정해 놓고 있다.

11. 화장실 및 벽면 유리창 설치나 개조에 어려움은 없겠는지를 고려해야 한다.

12. 갈수록 자동차 인구가 많아지므로 교통편의, 주차공간은 충분한지 검토해 봐야 한다.

13. 가스나 숯불을 사용하는 업종의 경우는 불 사용이 가능한 건물인지와 숯불의 불씨를 피우는 장소도 고려해 봐야 한다.

14. 공조, 즉 냉난방이 중앙집중식인지 개별공조인지도 알아보고 냉난방비에 대해서도 꼼꼼히 따져 보아야 한다.

15. 종업원 기숙사로 겸해서 사용할 수 있는 구조인지 아니면 별도 마련을 해야 하는지도 연계하여 고려한다.

16. 중국도 해를 거듭할수록 전문요리, 대형식당이 인기를 더해기고 있다. 이에 걸맞은 건물 구조인지도 검토의 대상이 될 것이다.

17. 건물에 따라서는 화장실을 다른 집과 공동으로 사용하도록 된 경우가 많다. 이럴 경우 특히 중국에서는 화장실 청결도나 고장문제 등 의외의 고민거리가 발생할 가능성이 높으므

로 주의깊게 고려해야 한다.

<계약 조건>
1. 임차료는 지역이나 위치에 따라 차이가 많이 나겠지만 대체적으로 북경 도심의 길거리 식당이라면 5.0위엔/m²/日을 초과하지 않는 것이 일반적이다.
2. 임차기간 만료시 보증금을 임차료로 사용할 수 있도록 한다는 내용을 계약서에 기재하여 보증금을 환불하지 않을 경우에 대비한다.
3. 임차료 납부방식은 보증금 얼마에 월세 개념으로 3개월 혹은 6개월 단위로 지불하며 한국에서처럼 전세개념의 방식은 없다.
4. 초기 인테리어 기간(약 1.5개월)을 임대료 없이 허용해 줄 것을 주장해 볼 필요가 있다.
5. 임의 재임대 가능조건을 삽입하여 만약의 경우 영업부진으로 경영을 지속할 수 없을 때 제3자에게 재임대하여 리스크를 줄일 수 있도록 한다.
6. 사스와 같은 천재지변이나 장기간 소요되는 주변도로 개발 등으로 경영에 지대한 영향을 미칠 때는 임차료를 재조정(인하)한다는 조항을 계약서에 삽입하는 것도 리스크를 최소화하는 하나의 방법이다.
7. 임대차 기간은 과거의 경우는 주로 8년이나 10년 정도로 비교적 장기계약을 하였으나 요즘은 건물주가 5년 이상 장기계약

은 잘 해주지 않는다. 그렇더라도 일단은 8년 이상을 요구해 보고 위치가 특별히 마음에 들면 5년으로 물러서는 대신 임대료 협상의 카드로 활용한다.

8. 비(非)내력벽은 임의로 개조할 수 있고 필요시 창문 및 출입구 개조도 가능하다는 조건을 계약서에 삽입하여 만약의 업종 변경시에 대비한다.

9. 건물주가 경영에는 간섭하지 않는다는 조건과 임대차 존속에 관련된 어떠한 문제, 즉 계약기간 내에 건물이 철거된다든지 하는 사태가 발생할 때에는 건물주가 전적으로 책임지며 그에 따른 피해보상을 한다는 조항을 삽입한다.

10. 가장 중요한 내용으로 계약 당사자가 합법적으로 건물을 임대할 권리를 가지고 있는 해당자인지를 꼭 확인해 보고 관련 서류를 복사해 둔다.

11. 권리금 유무를 알아보고 주변 시세와 비교해 봐야 한다.

12. 건물 설비에 있어서 시간이 흐름에 따라 자연적인 노후화로 부식되거나 훼손되는 것은 임차인이 책임지지 않는다는 내용 삽입도 필요하다. 가끔 이런 문제로 분쟁이 일어나는 경우도 있다.

13. 장기계약에 따르는 반대급부로 몇 년마다 몇% 한도 내에서 임차료를 인상한다는 내용이 대부분 들어가게 되는데 비율과 기간을 잘 따져봐야 한다. 임차료의 고/저에 따라 차이는 있지만 2년 혹은 3년 단위로 5% 범위에서 인상하는 것이 일

반적이라 보면 될 것이다.

14. 계약서는 공상관리국이나 공증기관에 가서 공증을 받아두는 것도 더욱 안전한 방법이라 할 수 있다.

15. 계약 전까지는 외국인 신분보다는 현지인을 활용하여 조사하고 협상하는 것이 중요하다.

16. 계약 후에 실내장식이나 간판, 셔터, 배전반 등을 설치할 때가 되면 건물 관리인으로부터 부당한 압력을 받는 경우가 자주 발생한다. 이는 주로 건물 관리인들의 이권과 관련 있는 것으로서 부당한 가격조건으로 '지정업체'를 통할 것을 강요한다. 계약시 미리 따져봐야 한다.

17. 투자규모가 큰 경우는 전문 변호사를 활용하는 것이 안전하다.

〈권리금 추정 방법〉

권리금은 중국에서 "랑페이(轉讓費, 전양비)"라고 하며 영업권리금과 시설권리금으로 나누어 생각해 볼 필요가 있다.

영업권리금은 기존 점포의 1년간 순수익을 추정한 금액 정도를 감안하면 될 것이고, 시설권리금은 기존의 실내장식이나 기타 내부 시설에 대한 총 소요비용을 4~5년 상각 기준으로 산출하면 무리없는 적정수준이 될 것이다.

<임차료의 적정 여부>

월 임차료는 입점 후 6개월 정도 되는 시점부터 예상되는 월 매출액의 10%를 넘지 않는 수준이면 적정하다고 할 수 있다.

중국 부동산 이해하기 6^장

중국에서 사업을 하거나 생활을 하려면 공장이나 가게 혹은 주택을 확보하는 등 처음부터 부동산과 관련될 수밖에 없다. 특히 중국은 부동산소유 제도에 있어서는 다른 어느 나라와도 다른 독특한 구조로 되어 있고 매매나 임대 관행도 많이 다르기 때문에 충분한 사전 지식을 갖고 임할 필요가 크다.

가장 큰 차이점은 토지 소유구조의 차이이다. 우리나라의 토지는 개인의 사유재산으로 인정되어 법적인 보호를 받고 자유로이 매매가 가능하지만 중국에서는 국가(중국 국토자원부 관리)가 토지 소유권을 가지고 있으며 부동산 개발업체는 국가가 소유한 토지의 사용권리(국유토지 사용권)를 확보하여 그 토지 위에 건축물을 지어 매매, 임대, 저당 등의 2차적인 권리만 행사할 수 있다.

그리고 지방행정 단위인 향과 진의 경우에는, 주로 농촌이 이에 해당되는데, 사회주의적 집단 경제구조로서 호구제도와 집체별 공유자산제도가 연관되어 그 집체단위별 소유로 되어 있다. 이 역시 원천적으로는 국가 혹은 전 인민이 공동으로 소유한 토지이지만 해당 경제활동 주체인 집체단위별로 권리행사를 할 수 있도록 권리 이양을 한 것으로 보면 된다.

이렇듯 중국의 토지에 대한 소유권은 소유권 행사 측면에서 국가소유와 집체소유로 크게 둘로 나눌 수 있다. 사회주의 국가로서 부동산 거래 역사도 짧고 행정단위별 시책도 다른 등 중국의 부동산 시장을 이해하기 위해서는 우선 토지에 대한 소유구조에서부터 개발, 매매, 임대, 저당, 및 기타 세제, 금융 등 각종 해당 법률상식 등 전반에 걸쳐 두루 동시에 이해해야 한다.

1단계 | 토지사용에 대한 이해

1. 국유소유 토지사용권 취득

〈출양(出讓) 취득방법〉

부동산 개발기업이 국가로부터 유상으로 토지에 대한 사용권을 획득하는 것으로서 도시부동산 개발의 경우가 주로 이에 해당된다. 국유지인 국유토지사용권(이하 "토지사용권"이라 칭함)을 획득할 때는 현급(縣級) 이상 인민정부 공상행정 관리부문에 등기를 한 기업이 법설차에 따라 토지이용에 괸한 종합 계획, 도시계획 및 연도별 건설 용지계획의 요구에 부합하는 범위 내에서 토지사용에 대한 비용을 지불하는 형태로 국가로부터 출양(出讓, 유상 양도)받아서 개발한다.

국가차원에서 꼭 필요한 경우 현급(縣級) 이상의 인민정부로부터 법에 따라 획발(劃拔, 무상 양도)을 비준받아 취득하는 것으로서 별도의 규정이 없는 한은 대부분 사용기한에 대한 제한이 없으며 주로 아래의 경우에 해당한다.

1) 국가기관 용지, 군사용지

2) 도시 기초시설 용지, 공익사업 용지

3) 국가가 중점 지원하는 에너지, 교통, 수리 등 건설용지

4) 법률, 행정 법규가 규정한 기타용지

⟨전양(轉讓) 취득방법⟩

국가로부터 출양받은 원 토지사용권자로부터 전양(轉讓, 재양도) 받는 방법이다. 전양에는 주로 다음과 같은 방법이 있다.

1) 매각에 의한 방식 : 원 토지사용권자, 즉 매도자가 토지사용권에 대한 대가를 받고 매수자에게 토지의 직접적인 지배권을 이전하는 방식이며 매수자는 토지사용권 양도계약서상에 확립된 사용기한이 만료되었을 때에는 토지사용권과 지상 건축물 및 기타 부대시설물에 대한 소유권이 상실된다.

2) 교환에 의한 방식 : 토지사용권의 일방이 다른 토지사용권의 일방과 상호합의에 따라 쌍방의 권리 객체를 바꾸는 방식이다.

3) 증여에 의한 방식 : 증여인이 토지의 직접적인 지배권을 무상

으로 제3자에게 증여하는 방식 등이 있다.

전양은 원 토지사용권자가 국가로부터 출양받을 때 맺은 국유토지 출양계약서의 부속 문건으로 첨부되는 정해진 토지사용 조건에 근거하여 25% 이상 개발했을 때 비로소 가능하다. 전양으로 취득하는 측에서는 계약 체결 전에 반드시 원 토지사용권자가 국유토지 출양 계약서, 국유토지 양도 계약서, 국유토지 사용증 유무 여부, 토지사용권의 종류, 토지사용권에 따른 개발여부, 잔여사용 기한을 확인해야 한다.

2. 집체소유 토지사용권 취득

집체소유 토지인 경우는 지방 경제조직(집체조직)이 소유권을 보유하고 있기 때문에 국가의 징용절차를 거쳐 국유토지로 바뀌거나 혹은 지방 경제조직(집체조직)이 토지의 소유권을 포기함으로써 자동적으로 국유토지로 바뀌는 경우 이외에는 그 소유권은 변경되지 아니한다. 그리고 집체소유 토지는 그 사용권이 지방 경제 조직의 성원(村民)이나 그 조직이 설립한 기업(예, 鄕정부 산하기업 등)에 한하여 이전이 가능하다. 따라서 집체소유 토지의 사용권은 출양(出讓) 혹은 양도(讓渡)하거나 비(非)농업용으로 임대하거나 할 수 없다.

3. 국유토지 사용 권리 범위

〈출양(出讓)토지 사용권〉

국가로부터 유상으로 취득한 사용권으로서 양도, 임대, 저당권 설정 등에 제약을 받지 않는다. 토지사용권 출양 방식은 경매, 입찰 또는 쌍방 합의에 의해 받을 수 있으며 시, 현의 토지관리 부문과 토지사용자(개발회사) 간의 계약으로 개발 목적에 따른 각각의 법적 해당기간 동안 토지사용에 대한 권한을 양도받는다.

토지사용권에 대한 법적 해당기간, 즉 출양 기간은 토지사용 용도에 따라 구분된다.

1) 거주용지: 최장 70년

2) 공업용지: 최장 50년

3) 교육, 과학기술, 문화, 위생, 체육용지: 최장 50년

4) 상업, 관광, 오락용지: 최장 40년

5) 종합용지 및 기타용지: 최장 50년

개발이 완료되고 나면 일차적으로 개발자가 지상물에 대한 소유권을 인정받게 되는데, 토지 사용기간 만료시는 만료기한 1년 전에 기한 연장신청을 하여 비준을 거친 후 토지사용에 대한 출양계약을 다시 체결하고 규정에 따라 토지사용 출양금(出讓金)을 지불하는 것으로 기간을 연장할 수 있다. 사회공공이익에 근거하여 동(同)토지를 국가가 회수하여야 한다거나 하는 특별한 경우를 제외하고

는 사용기간 연장신청에 대한 비준은 해주어야 한다고 〈중화인민
공화국 도시 부동산 관리법〉 제21조에 명시되어 있다.

〈획발(劃拔)토지 사용권〉

국가로부터 주로 무상으로 취득한 사용권으로서 양도, 임대, 저
당권 설정에는 제한을 둔다. 만약 획발(劃拔) 방식으로 취득한 토지
사용권의 부동산을 양도할 경우는 국무원의 규정에 따라 비준권이
있는 인민정부의 양도비준을 받아야 하며 비준권이 있는 인민정부
가 양도비준을 한 경우에는 양도받는 측이 토지사용권 출양(出讓)
수속을 하여야 하고 동시에 국가 관계규정에 근거하여 토지 사용
권 출양금(出讓金)을 납부함으로써 사용권 행사가 가능하다.

〈전양(轉讓)토지 사용권〉

원 토지 사용자가 출양을 받은 시점부터 산출하여 잔여 법정기
간까지 사용권한을 가지며 사용권한에 있어서는 출양토지 사용권
취득시와 동일하다.

4. 국유토지 사용 예외 사항

중국의 국유토지를 사용하는 방식에 있어서는 토지사용권을 취
득하여 사용하는 방식 외에 외상투자기업(해외 투자기업)에 한하여
특별히 토지 사용권을 취득하지 않고 사용하는 방식이 있다.

중국에서는 외자를 유치하고 외상투자기업의 편리를 도모하기 위해 별도의 외상투자기업 관련 법률 규정으로 외상 투자기업이 회사 설립 후 현급 이상 인민정부 토지관리부서에 토지사용 신청을 하여 토지사용 계약을 체결하고 정기적으로 토지 사용료를 납부하는 방식으로 토지를 사용할 수 있다.

이런 토지에 대하여는 정부 토지관리부서가 외상기업에게 토지 사용증서를 발급하나, 해당 토지사용권은 기업경영 기간 동안에 다시 양도할 수는 없고 처분도 엄격한 제한을 받는다.

2단계 | 부동산 개발에 대한 이해

1. 개발관련 기업 구분

부동산 개발기업은 영리를 목적으로 하여 부동산 개발 및 경영에 종사하는 기업으로서 우리나라가 시행사, 시공사, 분양 대행사로 구분되는 것과 같이 중국도 마찬가지로 항목 개발기업(시행), 개발기업(시공), 관리기업으로 구분된다.

- 항목개발기업: 시업기획, 자금조달, 사업성 검토, 마케팅, 인허가, 수익분배업무.
- 개발 기업: 시공, 자금관리 업무.
- 관리 기업: 시공관리, 인력관리, 목표관리 등 업무.

2. 개발진행 방법

개발 방법에 있어서 과거에는 국유토지 사용권과 프로젝트 허가만 있으면 은행으로부터 개발자금을 대출받아 진행할 수 있었으나 현재는 "토지출양금"이 준비되어 있어야 가능하다.

토지출양금은 국가에서 개발에 따른 이익을 미리 환수한다는 개념으로 보면 된다. 즉, 토지출양금은 토지의 등급과 항목(project)에 따라 약간의 차이는 있지만 대체적으로 항목 투자금의 약 20% 정도이고 납부 방식은 프로젝트 착공 전에 50%, 나머지 50%에 대해서는 총 출양금이 500만 위엔 이하인 경우는 6개월 내에 완납해야 하고, 총 출양금이 500만 위엔 이상의 경우에는 최장 2년까지 분할 납부할 수 있도록 되어 있다.

토지출양금을 완납하고 나면 지상권, 즉 건물에 대한 등기권리증에 해당하는 "방산권증(房屋産權證)"을 발급받을 수 있으며 이 때부터 건물에 대한 재산권 행사가 가능해진다.

개발진행에 있어서는 토지사용권 출양 계약에 규정한 시공 개시 기간과 토지사용 용도에 따라 시공하여야 하며, 계약에 규정한 개발기한이 만료된 후 1년이 되도록 시공을 개시하지 않았을 경우에는 토지사용권 출양금의 20%에 해당하는 토지 방치비용(閑置費, 한치비)을 징수하며, 2년이 되도록 개발하지 않을 경우는 토지 사용권을 무상으로 회수할 수 있도록 되어 있는데 이는 토지사용권에 대한 매매차익을 노리는 투기행위를 방지하기 위한 방안이기도 하다.

재개발의 경우는 토지 사용권에 대한 출양금은 물론 철거 보상비, 이주보상비(개발기간 동안의 집세, 이사비용 등) 등이 발생되고 전기, 통신, 가스, 상하수도 조성에 필요한 비용, 도로 등 주변 환경조성에 필요한 비용까지 합하면 개발 메리트가 없는 경우가 많다.

따라서 아직까지는 북경 등 일부 대도시의 도심지 위주로 조금씩 이루어지고 있는 상태로 그리 활발한 편은 아니다.

3. 대단위 토지개발(成片토지개발)

개발기획에 따라 토지에 대한 대단위 산업단지를 일괄적으로 개발하여 산업용 토지 또는 건설용 토지로 변경하고 양도하거나 또는 산업용 토지에다가 공장건물이나 생산과 생활에 필요한 건축을 진행하여 양도하거나 임대활동을 진행하는 것을 의미한다.

4. 부동산 개발 요건

부동산 개발은 국유토지사용권을 취득한 토지 위에 기초시설과 건물을 건설하는 행위를 지칭하며 부동산의 양도, 저당권 설정 및 부동산의 임대 등 경영활동을 진행할 수 있다.

부동산 개발회사를 설립하려면 최저 자본금이 인민폐(RMB)로 100만 위엔 이상이 있어야 하고, 그 밖에 중국에서 부동산개발에 종사하려면 상응한 자격을 소지하여야 한다. 1급 부동산개발기업은 중국 전 지역에서 부동산개발에 종사할 수 있으며 제2급, 3급 및 4급의 개발능력 범위는 각 성, 자치구 및 직할시에서 별도로 규정한다.

부동산을 개발하여 분양하는 경우 우선 먼저 준공검사를 받아야 하며 준공검사 합격 후 관련 서류를 지니고 부동산 관리부서에 가서 완공건물의 부동산 등기권리증(방산증, 房屋産權證)을 발급받는 순간부터 실질적인 소유권 행사가 가능하다.

현행 중국법규로는 외국인들도 개발업체를 세워서 개발사업을 할 수 있으나 토지출양금이 너무 과다하여 초기투자 부담이 크고 또한 중국의 부동산 경기 과열로 2005년 5월에는 건설업자 이윤을 3%로 제한하는 조치를 취함에 따라 중국 진출에 있어서는 충분한 사전 준비와 고려 없이는 위험하다고 생각된다.

3단계 | 부동산 거래에 대한 이해

1. 부동산 시장 현황

중국 부동산 시장의 가장 큰 특징이라면 개인에게 토지에 대한 소유권한이 없다는 것과 부동산 가격 형성은 공급자 중심에 의한 요소가 가장 크다는 점이다. 2000년대 초반까지만 해도 정부가 양도하는 토지 사용권에 대한 비용과 은행금리, 개발 투자비 등에 의해 주로 가격이 형성되어 우리나라와 같이 수요자 경쟁에 의한 가격형성 요인은 그리 크지 않았다. 그러나 급속한 경제발전과 외국인에 대한 부동산 소유권 인정 등으로 최근 몇 년간은 특정 주요 도시를 중심으로 급작스런 가격상승 현상이 일어나기도 했고 앞으로도 부동산 시장 성장 잠재력은 매우 크다고 보는 것이 부동산 전문가들의 일반적인 견해이다. 최근의 급작스런 부동산 가격상승에 대해서는 중국 정부가 이를 사회의 큰 불안요인으로 간주하여 즉각 그에 상응하는 조치들을 내놓기도 했지만 이러한 정부의 처방만으로 과연 중국 부동산의 거대한 성장 잠재력을 누그러뜨릴 수 있을지는 의문이다.

최근 몇 년간 중국 부동산 시장 현황과 정부의 조치들을 살펴보자. 2000년대 들어서면서 조금씩 꿈틀거리던 부동산 가격이 2002~2003년을 지나면서는 상해를 중심으로 부동산 투자 바람으로 변하기 시작하였다. 그리고 2004년경에는 지역에 따라서 부동산 가격이 2~3배나 오른 곳도 나타나고 이러한 부동산 붐이 심천, 광주, 북경 등 주요도시들 전반으로 확산되어 감에 따라 중국 정부에서는 2005년 상반기 중에 강력한 부동산 안정 조치를 취하기에 이르렀다.

2005년 3월 초 중국 총리 원자바오(溫家寶)가 정부 업무보고에서 부동산 가격안정을 강력히 추진해 나가겠다고 발표하자 바로 연이어서 부동산 가격 안정에 대한 조치들이 쏟아져 나오기 시작했다. 우선 부동산 붐이 가장 먼저 일어났던 상해에서는 2005년 3월에 시정부에서 구입 후 1년 내에 처분하는 부동산에 대해서는 한국의 양도소득세에 해당하는 영업세 5.5%(도시건설세 및 교육세 포함)를 부과한다는 내용의 조치를 최초로 도입하였다. 같은 달 중국 인민은행은 만기 5년 이상 주택담보 대출금리 하한선을 5.31%에서

5.51%로 0.2%를 올리고 대출금리 상한선을 완화하는 조치를 취했으며, 4월에는 국무원에서 "주택가격 안정을 위한 통보"를 국무원 문건으로 시달하였고, 이어 5월에는 건설부, 국토자원부, 세무총국 등 7개 부처가 공동으로 "주택가격 안정 업무에 관한 조치"를 마련하여 다음달인 2005년 6월 1일부터 시행에 들어간다고 발표하였다.

이 7개부처의 공동조치 중 일부 핵심이 되는 사항은 2006년 또한 차례 개정을 하여 2006년 6월 1일 이후부터는 주택을 구입하여 5년 내에 매도하는 경우에 거래금액 전액에 대해 영업세 5.5%(도시건설세 및 교육세 포함)를 징수하고 5년이 경과하더라도 비(非)일반주택(고급주택, 건축면적 140㎡ 초과)에 대해서는 양도차액에 대한 개인소득세(약 20%)를 징수한다고 하였다. 그리고 구입시 지불해야 하는 취득세는 일반주택은 1.5%, 비 일반주택은 3%를 내야 한다. 또한 이 조치에 따라 부동산 거래 실명제가 도입되고 미등기 전매가 엄격히 금지되었으며 건설업자와 부동산업자가 매매에 있어서 불법적으로 허위기재하거나 혹은 일방적인 분양가격이나 면적 변경 등이 있을 경우에는 처벌한다는 경고를 함에 따라 부동산 거래에 따른 비합법적인 수익에 대해서는 원천 봉쇄를 하고 나섰다.

이렇게 2005년 3, 4, 5월에 있었던 조치들과 최근의 연이은 개정으로 중국의 주택가격 안정에는 큰 전환점이 될 것으로 받아들여지고 있지만 한편으로는 이러한 현상들이 일시적인 현상으로 보는 견해들 역시 많이 있다. 중국은 2008년 북경올림픽과 2010년 상해박람회 등 세계적인 이벤트들을 앞두고 있다. 과거 올림픽을 치른 다른 나라들의 경우에 있어서도 올림픽 개최 약 3년 전부터 부동산이 오르기 시작했고, 중국 정부의 경제발전 계획이나 각종 경제 지표가 보여주듯 지속적인 경제성장도 예상된다. 언제든지 부동산 가격이 급등할 여지는 충분히 있는 것이다.

따라서 중국의 부동산 시장은 언제든지 정부의 입김이 더욱 크게 작용할 가능성도 있다. 그러나 향후 장기적으로 볼 때는 가격상승에 대한 강력한 잠재 요인 역시 동시에 존재한다고 보면 맞을 것이다.

여기서 참고로 중국 정부에서 고민하고 있는 일련의 부동산 경기과열 현상이란 주로 다음과 같은 것이다.

첫째로, 부동산 개발경기 과열현상이다. 중국 부동산 경기과열에 있어서 가장 큰 요인으로는 지방정부의 조정 통제기능 약화로 부동산개발 투자과잉 현상이 일어나고 부동산 개발업자들의 폭리현상으로 인한 가격상승 현상을 들 수 있다.

둘째로는 특정 도시를 중심으로 실수요보다는 투자성 수요에 의

하여 단기간에 너무 급작스런 가격상승이 있었다는 것이다. 이는 사회주의 국가에서는 빈부격차의 대표적인 현상으로 나타나 크나큰 사회 불안요인으로 작용하기 때문에 정부로서는 민감한 사안이 될 수밖에 없을 것이다.

셋째로 은행의 장기대출 가운데 부동산 개발과 개인의 주택담보대출 비율이 큰 폭으로 증가하였다는 것이다. 개인 소비대출에 있어서 거의 대부분이 부동산 취득으로 인한 대출이며 부동산 개발업체의 투자액 중 약 70%가 은행에 의존한 것으로 나타났다.

2. 부동산 투자 포인트

지금까지의 중국 부동산 분야의 최대 수혜자는 개발기업으로서 부동산 개발에 따른 이익이 가장 큰 것으로 나타났다. 그러나 이런 부동산 개발사업은 워낙 규모가 크고 더구나 외국기업이 추진하기에는 여러 가지 보이지 않는 제약조건들이 많은 관계로 일단 논의에서 제외하고, 주로 우리와 같은 외국인들이 중국에 가서 소규모로 생각해 볼 수 있는 주택거래나 임대사업에 대해서 살펴보기로 하자.

중국에서 주택의 자유로운 매매가 이루어지기 시작한 것은 1998년부터 "상품방(商品房, 자유롭게 매매가 가능한 주택)"이 본격적으로 건설되면서부터이다. 그 이전까지는 상품방이 있기는 하였지만 극히 일부분에 지나지 않았고 대부분이 국가나 국영기업에서 일정한 직위에 오르는 사람들을 대상으로 주택을 무상으로 마련해 주는 "주택 분배제"를 시행해 왔다. 그러나 1998년부터는 이를 폐지하고 "상품방" 제도로 바꾸는 대신에 주택 보조금 제도를 두어 각 기업에서 급여에 주택 보조금을 추가하여 지불하도록 했다. 그 이후로도 지방마다 주택에 따라 차이는 있지만 한동안은 해당 지역의 호구가 있는 사람에 한하여 주로 주택구매가 가능하도록 해왔기 때문에 실질적으로 완전 자유롭게 거래가 이루어진 것은 2000년대 들어서부터라고 볼 수 있다. 따라서 자유로운 부동산 매매 역사가 그리 길지 않은 관계로 아직은 제도적으로 미비할뿐더러 정부 시책이 언제 또 뒤바뀔지 모르는 상황이기 때문에 부동산 투자에 대한 불안 요인도 여전히 존재하고 있다고 보아야 할 것이다.

따라서 현시점을 기준하여 부동산 투자에 대한 주요 포인트를 살펴본다면 주요 핵심 지역별로 새로 지은 아파트, 그리고 상가나 오피스에 대한 투자가 있을 수 있고 다음으로는 임대사업에도 관심을 가져볼 만하다고 생각한다. 우선 매매차익을 노린 투자에 있어서는 당장의 시세차익보다 중장기적인 잠재력에 기대를 걸 만하다고 생각하며 또한 중국 인민폐의 평가절상 가능성도 함께 감안해서 생각해 볼 만하다. 특히 외국인들이 밀집하여 거주하는 지역은 임대수익이 매우 높은 편이며 환금성 측면에서도 다른 지역에 비해 훨씬 안정적이란 점도 고려해 볼 만하다.

아파트 가격은 북경에서 한국인들이 많이 살고 있는 "왕징(望京)" 지역의 경우에 일반 고층 아파트 가격 시세는 1평방미터(㎡)당 5,000~6,500위엔/㎡ 정도이고 고급 아파트의 경우에는 7,500~8,500위엔/㎡ 정도로 형성되어 있어 215㎡(한국평수 약 65평) 규모의 고급아파트를 구입한다고 가정했을 때 평방미터(㎡)당 가격을 8,000위엔/㎡으로 치면 약 172만 위엔(한국 원화로 약 2.1억원)이면 가능하다. 여기에다 내부장식 및 기타 세금 등을 포함 약 35만 위엔을 추가하면 총 207만 위엔(한국 원화 2.5억원) 정도면 된다.

그리고 이를 임대할 경우에 월 임대료는 최저 약 18,000위엔 정도로서 이를 연간으로 계산하면 21.6만 위엔이 되고 연간 임대수익은 총 투자금액의 약 10%를 조금 넘는 수준으로 생각하면 된다. 이는 비교적 안전한 수준으로 계산한 것이며 "왕징" 지역 부동산 전문업체들 말에 의하면 연간 평균 임대수익은 전체 투자금액의 약 12% 정도가 일반적이라고 한다.

3. 주거용 부동산 거래

중국에 가서 생활하거나 혹은 투자 목적으로 중국에 있는 부동산, 특히 아파트를 매매하는 경우를 중심으로 살펴보기로 한다.

〈고려해야 할 사항〉

- 외국인이 중국에 있는 아파트를 구매할 경우 언어문제와 수시로 변하는 부동산제도에 대한 정보 등을 고려하여 초기에는 가급적 손쉽게 도움을 받을 수 있는 지인이나 믿을 만한 전문 부동산회사 혹은 부동산 전문 변호사를 통해서 투자하는 것이 안전하다.

- 본인의 사정에 비추어 100% 현금으로 구매할 것인지 아니면 은행 대출을 받아 구매할 것인지를 미리 생각하고 그 기준에 따른 제도나 관행을 충분히 조사한 후에 임하는 것이 좋다. 왜냐하면 은행대출을 받을 경우 중국은 지역별 제도가 조금씩 다르고 은행간에도 대출 관행이 다를 수 있는 등 처음 생각했던 것보다 더욱 복잡한 문제가 발생될 가능성이 있기 때문이다. 특히 은행 대출을 받은 경우는 나중에 매도할 때 매매 당사자간에 대출승계가 안 되므로 매도인이 먼저 대출을 상환하여 담보취소가 된 후에 매매가 가능하다는 점도 알아야 한다. 물론 이 경우는 부동산 중개업체에서 일시적으로 담보대출금을 대신 상환해 주는 쫜안지에꽁스(轉按揭公司)를 활용하여 본인 부담이 없도록 도와는 주지만 여러 가지 복잡한 일이 발생될 여지도 있다는 점을 염두에 두어야 한다.

- 중국은 부동산 개발이 매우 활발하게 이루어지고 있는 관계

로 목적에 따라 인기지역이 자주 바뀌는 경향이 있다. 따라서 시세차액 목적인지, 임대 수익 목적인지 그리고 직접 거주 목적인지 미리 고려할 필요가 있다. 특히 직접 주거를 하다가 갑작스런 상황변화로 급히 매각해야 할 경우를 감안한다면 단기간 내에 환금성이 용이한지 여부도 매우 중요한 요인이 될 것이다.

- 중국의 주택에 대한 개념은 이소우팡(一手房, 새로 지은 집)의 경우에는 실내장식(인테리어)이 전혀 되어 있지 않은 골격만 있는 상태를 말한다. 그리고 얼소우팡(二手房, 이미 누가 살았던 집으로 중고에 속하는 집)의 경우에는 전 주인이 이미 실내 장식을 해놓은 상태로서 당연히 이소우팡에 비해서는 실내 장식비를 추가한 개념이 된다. 따라서 주택매입 목적에 따라서는 실내 장식이 매입자 취향에 맞지 않는 경우가 매우 많다는 점도 고려할 필요가 있다.

- 냉난방 공조시스템은 중앙집중식도 있고 개별공조식도 있다. 중앙집중식인 경우는 냉난방이 모두 되는 곳도 있고 난방만 되는 곳도 있고 또한 지역에 따라서는 공조시스템 자체가 없는 곳도 있다. 특히 중앙집중식 난방의 경우는 역시 지역에 따라 차이가 있지만 북경지역의 경우 11월 중순경부터 이듬해 3월 중순까지 난방이 되므로 초겨울이나 초봄 추위가 있는 경

우는 곤란을 겪을 수도 있다.

- 전기나 주방용 가스 구매는 대부분 주택사용자가 개인별로 은행이나 전문판매 분소에 가서 필요한 만큼 구매한 후 계량기에 입력하여 사용하는 방식이며, 특히 냉난방 공조가 중앙집중식이냐 아니냐는 주택임대의 경우에 냉난방 비용을 주인이 관리비로 내느냐 임차인이 구매하여 사용하느냐 하는 문제가 따른다는 점도 참고해 둘 필요가 있다.

- 중국에서는 미혼자가 부동산을 취득한 후에 결혼을 하거나 기혼자가 부동산을 취득하게 되면 내/외국인을 불문하고 명의는 개인 명의라도 재산권은 배우자와 함께 부부공동 재산으로 되기 때문에 이혼을 하게 될 경우는 재산배분에 대하여 부부 합의 혹은 법절차에 따라 배분을 하게 된다. 그리고 기혼자가 부동산을 취득할 때 은행 대출을 받거나, 혹은 은행 대출로 취득한 부동산을 매도하고자 할 때는 반드시 배우자의 공증된 동의서가 있어야 가능하다. 단 배우자의 매매동의는 명의자 혹은 제3자를 통하여 할 수도 있는데 이럴 경우는 국가 공증기관에서 공증받은 배우자의 공증 위탁서가 있으면 가능하다.

〈주택 거래 절차(외국인 기준)〉
- 100% 현금으로 매입할 경우: 중국에 거류하고 있다는 증빙이

있건 없건 상관없이 누구든 매입이 가능하며 구비서류도 매우 간단하여 신분증인 여권과 현금만 마련되어 있으면 별다른 어려움 없이 절차에 따라 수속만 밟으면 된다.

• 은행 대출로 매입할 경우 : 은행대출을 발생시켜야 하는 경우는 크게 다음과 같은 절차에 따라 진행이 된다.

 – 가계약: 매도자와 매입자 간에 매매 약속을 하는 것으로서 매입자는 매매약속 보증금으로 일정금액을 매도자에게 지불하고 매매주체 및 본계약 일자를 명시하여 계약을 맺는다.

 – 본계약: 매입자는 매매금액의 최소 30% 정도를 매도자에게 선불금으로 지불함과 동시에 본계약을 맺는다.

 – 대출심사: 부동산 중개업체 주선으로 쫜안지에꽁스(轉按揭 公司)를 활용하여 매도자의 은행 대출금 잔액을 완납하고, 다시 매입자 이름으로 신규대출 요청을 하면 은행에서는 담보물에 대한 재평가 및 대출자(매입자)의 상환능력을 고려해서 다시 대출심사를 한 후 대출금 지불확약을 해준다.

 – 방산권증(등기권리증) 등록: 최종적으로 매매 잔금을 정산하고 부동산 권리국에서 방산권증(등기권리증)을 등록한다. 방산증 등기가 완료되면 일단 매매거래는 완료된 것이다.

● 은행 대출 구비요건

△ 구비서류

- 개인주택 대출 신청서(해당은행 소정양식).

- 공증한 주택계약서 및 관련 비준문서 원본 및 복사본 3부.

- 본인 여권과 거류증 원본 및 사본 3부.

- 차용인 소득증명 혹은 상환능력 증명자료(소득증명/재산증명): 월소득 증명이 은행 대출에 따른 월별 상환금액(원금＋이자)의 2배 이상임을 증명.

- 기혼자인 경우는 신청인과 배우자의 여권 및 사본 각 3부: 법적으로 부부공동 자산으로만 인정됨.

- 호적등본 원본 및 사본(영문으로 발급 받아 국적별 해당주재 중국 영사관 확인, 혹은 한글로 발급받은 것을 중문 번역하여 공증): 혼인사실 확인용임.

- 은행 융자금을 제외한 선납금 영수증 원본 및 사본 2부.

- 기타 은행별 확인용으로 요구되는 회사 영업집조(사업자등록증) 취업비자 등 일부 서류.

중문 이름

비(非)한자문화권이 국적으로 되어 있는 외국인은 중국식이름(中文名)을 새로 지어 지정된 공증기관에 공증을 받아 제시해야 한다. 한국인의 경우는 원래의 한자이름을 그대로 사용가능하나 순수 한글이름만 있는 경우는 마찬가지로 중국식 이름을 지어야 한다.

△ 대출 한도

1차(1채)구입의 경우 총금액의 70%까지 가능하며 2차, 3차로 추가 구입시에는 대출한도금액도 약 10%씩 내려간다. 그리고 부동산 평가기관의 평가금액과 본인의 신용평가에 따라 대출한도는 달라질 수도 있음을 명심해야 한다.

△ 대출 기한

외국인에 대한 부동산 담보대출은 원칙적으로 15년 한도이며 경제활동 연령도 65세로 제한되어 있으므로 만약 차용인이 55세인 경우는 10년 한도 내에서 대출이 가능하다고 보면 된다.

- 거래관련 비용계산
  - 매입금액: 단가(위엔/m²) × 평수(m², 건축면적)
  - 대출금액: 매입 총금액 × 대출 비율(예 70%)
  - 1차 지불 선급금: 매입금액(예 30%)
  - 대출금 분할 납부: 대출 금액×월이율
  - 세금, 변호사 비용, 등기비용, 공공시설 유지비, 보험료, 소개비 등이 있다.

부동산 거래 중개비용

부동산 매매의 경우 중개비용은 전국적으로 거의 유사하며 총 거래금액의 2.5%를 지불한다. 단 거래금액의 2.5%에 대해 매매쌍방이 각각 적절한 비율로 나누어 내는 경우도 있고 어느 일방이 모두 부담하는 경우도 있다.

• 거래관련 세금 계산

△ 아파트 매입시

– 취득세 : 면적 및 가격에 따라 차등세율 적용.

＊면적이 140m²를 초과하는 고급 아파트: 3%

＊면적이 140m² 이하인 서민 아파트: 1.5%

＊평단가가 9,432위엔/m²를 초과하는 아파트: 3%

＊평단가가 9,432위엔/m² 이하인 아파트: 1.5%

– 공공시설 유지비

＊2%(매매 쌍방 모두에 해당함)

– 인지세(0.05%) 및 기타 비용.

△ 아파트 매도시

– 영업세: 매입시 방산관리국에 등기를 하여 방산증(房屋産權證, 등기권리증)을 취득한 날짜 기준.

＊방산증 취득일로부터 5년 이내 판매: 5.5%

＊방산증 취득일로부터 5년이 경과한 경우: 없음.

– 개인소득세: 지방세에 해당하며 북경의 경우 아직 공식발표는 없지만 조만간 발표 예정임.

＊ 예상 비율: 매매차익의 20%

4. 주거용 부동산 임대

〈주택 임대의 역사〉

과거 약 10년 전까지만 해도 중국에서 부동산을 임차하는 경우에 참으로 어처구니가 없는 사례들이 많았다. 그 당시만 해도 중국인들은 부동산 임대 경험이나 사례도 부족하고 부동산 임대에 대한 정확한 규정이 없었던 이유도 있었지만 외국인이 임차하여 살 수 있는 곳이 극히 일부 아파트에 한해서 제한적으로 허용되었던 이유도 있었다. 외국인이 살 수 있는 곳은 임차료가 너무 비싸서 월 임차료가 약 5000달러(USD) 전후가 되고 비싼 곳은 심지어 1만 달러가 되는 곳도 있었다. 따라서 대기업 파견사원이거나 비교적 성공한 기업인이 아니고서는 엄두도 낼 수 없었다.

그 당시 중소기업 직원이나 개인자격으로 중국에 들어가 생활하는 사람들은 거의 대부분 임대료가 싼 곳을 찾아 중국인들이 사는 로컬아파트(Local APT)에서 불법으로 생활을 하였다. 그러나 이런 곳은 연중행사처럼 공안들이 단속을 나왔으며 외국인들은 피난민처럼 대규모로 며칠씩 다른 곳에 피신을 하기도 하였다. 이떤 경우는 공안들이 밤에 쳐들어와서 어쩔 수 없이 단속에 걸리는 바람에 각종 조사를 받고 벌금을 물고 나오는 일도 허다했다.

그때 로컬아파트를 임차하기 위해서 중국인 부동산 중개회사를 찾아가면 집을 구경하기 전에 적정 금액(약 300위엔 전후)을 보증금으로 먼저 맡겨야 했다. 집을 본 후에 마음에 들면 결정을 하고 소개비로 한달 월세에 해당하는 금액을 임차인이 내고, 마음에 들지 않아도 맡긴 보증금은 돌려받지 못하는 것이 관례였다. 그들 임의로 그런 기준을 마련해 놓았던 것이다. 그래서 보증금이 없는 부동산 알선자를 찾거나 동네 어귀에 모인 노인네들을 통해 알음알음으로 집을 구하기가 일쑤였다.

그 당시 로컬아파트는 주로 바닥은 타일도 없이 시멘트 바닥 그대로였고 벽은 흰색 횟가루가 발려 있어서 다니다가 옷이 벽에 닿는 경우에는 흰색 가루가 그대로 묻어나곤 했었다. 모르고 바닥 물청소를 하는 날이면 아랫집에서 난리가 나고 심지어 필자가 살던 집에는 생쥐가 침입하여 밤새 씨름을 했던 기억도 있다. "China Dream"을 꿈꾸며 가족을 떠나 혼자서 중국에 들어간 사람들 중에는 아무도 모르게 눈물을 흘린 사람들도 제법 있었으리라 짐작된다.

그러나 지금은 어느 나라 사람을 막론하고 중국에 들어가 자유롭게 생활할 수 있다. 우리와는 법적으로 허락 없이 만날 수 없는 북한 사람들도 있고 미국이며 일본이며 유럽인들까지 전세계 인종들이 모두 들어가 각축을 벌이고 있는 곳으로 변해 있다. 그 동안 변화의 속도가 얼마나 빨랐던지 불과 10년 전의 일들인데도 마치 호랑이 담배 피우던 때의 일처럼 느껴지기도 한다.

〈주택 임차 방법〉

　요즘은 부동산 중개업체가 우후죽순처럼 생겨나 어디를 가더라도 경쟁이 치열하고 서비스도 만족할 만큼 좋아졌다. 임차인은 부동산 중개업체에 찾아가 본인이 예정하고 있는 위치나 면적 그리고 예산 금액을 알려주면 그에 적합한 집들을 일일이 소개해 준다. 전국 어디를 가나 임차인에게는 부동산 중개비(1개월치 월세비용)를 받지 않고 임대인 측에서 모두 부담을 한다. 임대 금액은 위치에 따라 실내 장식에 따라 그리고 가구와 전기/전자제품에 따라 차이가 난다. 북경의 "왕징" 지역에 한국인들이 주로 세를 들어 사는 아파트 임대료는 대략적으로 볼 때 아파트 구입비(장식비 포함)를 120으로 나눈 금액을 한달 월세로 보면 대충 맞아들어 간다. 역산으로 보면 한달 월세를 12로 곱하면 1년치가 되고 여기다가 다시 10을 곱하면 10년치 월세가 된다. 즉 10년치 월세가 아파트 구입비와 비슷한 수준으로 보면 크게 틀림이 없다는 것이다.

　임대계약은 주로 1년 단위로 하며, 임대료 지불방식은 가장 보편적인 방식으로 계약시에 한달 월세금액을 '야진(押金, 보증금)'으로 치고 3개월 (혹은 6개월) 단위로 월세를 지불하는 방식이다. 따라서 처음에만 4개월치를 내고 다음 3개월마다 3개월치를 내면 되는 것이다. 그리고 계약 만기일 한 달 전에 계속 거주할지 나갈지를 주인에게 통보해 주는 것이 일반적인 계약 내용 중 임차인의 주요 의무사항으로 기재된다.

계약기간 만료로 재계약을 할 경우에는 대부분의 집주인은 중개
업체를 거치지 않고 계약 당사자인 임차인과 직접 계약할 것을 요
구하며 임차인도 특별한 경우 외에는 거의 이에 응하여 직접 계약
을 한다. 이 경우에는 집주인은 중개료에 대한 부담이 없으므로 임
대료 인하를 요구할 절호의 찬스임을 참고로 할 필요가 있다.

주의할 점은 집을 나갈 때 집주인(임대인)의 태도가 달라지는 경
우가 의외로 많다는 것이다. 보증금을 돌려주지 않으려고 트집을
잡는 경우가 많다. 따라서 계약시에 특히 이 점을 고려하여 강조해
둘 필요가 있다. 한 가지 덧붙일 점이 있다면 거류증 연장시에 필
요한 서류로서 집주인이 보유하고 있는 방산증(房産證) 사본이 필
요한데 간혹 주인이 멀리 살고 있거나 때로는 성격상의 문제로 이

전국 체인의 중국
부동산(我愛我家)

에 잘 응하지 않아 골치를 앓는 경우도 있는데 이 역시 계약시에 챙겨두는 것이 안전하다.

그리고 대기업 주재원에 주로 해당되는 사항으로서 주택임차에 대한 영수증을 회사에 제시해야 하는 경우는 임대인(집주인)에게 영수증 요구를 해야 하는데 이럴 경우 집주인은 주택임대 사업 신고를 하고 국가에 세금을 내야 한다.

4단계 | 투자관련 외환제도에 대한 이해

1. 은행에 외화 입금

중국 내에 반입하는 외화현금에 대한 외화계좌 개설시 반드시 실명을 사용해야 한다. 1일 입금액이 5000달러(USD) 이하일 경우는 신분증(여권)을 제시해야 하며 5000달러 이상일 경우는 신분증과 함께 본인 휴대 외화현금반입신고서 혹은 다른 은행의 외화현금 인출 증빙을 제시하여야 한다.

2. 인민폐 환전

〈개인소지 외화 현찰(인민폐로 환전)〉

만약 5000달러 이하일 경우는 신분증명으로 충분하나 5000달러 이상일 경우는 신분증과 본인휴대 외화현금반입신고서 또는 타 은행으로부터 외화를 인출한 증빙서류를 제시하여야 한다.

〈은행계좌에 있는 외화(인민폐로 환전)〉

　매일 환전금액이 1만 달러 이하일 경우는 직접 은행에서 처리할 수 있으나, 하루 1만 달러 이상이거나 당월(當月) 누적으로 5만 달러를 초과할 경우는 소재지 외환 관리국에 사용 용도신청을 하여 비준을 받은 다음 은행에 가서 환전할 수 있다.

　중국 부동산 매입시 중국의 외환취급 은행에 계좌를 개설하여 그 계좌로 송금하고 중국 외환관리국에 가서 사용용도 비준을 받아 계좌개설은행에 가면 즉시 환전 가능하다.

3. 외화 환전

　부동산을 매각한 경우 인민폐를 다시 외화(달러)로 환전하려면 부동산 양도계약서와 납세 증명서를 외환관리국 혹은 외환관리국이 허가한 은행에 제시하여 비준을 받이야 한다.

4. 본국으로 외화송금

　부동산 투자 원금과 수익을 본국으로 반출할 경우 부동산을 매

입할 때와 매각할 때 정상적인 절차에 의해 이루어졌음을 증빙하
여야 하므로 해당 증빙서류를 잘 보관하였다가 본국송금시 은행요
구에 따라 제시할 수 있도록 해야 한다.

중국, 이것만은 알고 가자

초판인쇄   2006년 7월 15일
초판발행   2006년 7월 20일

지은이   전찬호
펴낸이   이방원
펴낸곳   세창미디어
         서울특별시 종로구 송월동 64-1(2층)
         전화 723-8660   팩스 720-4579
         e mail : sc1992@empal.com
         http://www.scpc.co.kr
         등록 1998. 1. 12. 제1-2272호(윤)

값 10,000원

잘못 만들어진 책은 바꾸어 드립니다.

ISBN 89-5586-059-5 13910